인더스트리
4.0

미래를 결정지을 제4차 산업혁명

인더스트리
4.0

한석희 · 조형식 · 홍대순 지음

페이퍼로드
paperroad

제4차 산업혁명이라 불리는 인더스트리4.0에 대해 국가와
기업 차원에서 어떻게 대응전략을 가져갈 것인지
매우 중요해지고 있는 현 시점에서, 이 책은 독일의 현황뿐만 아니라
대한민국의 현주소와 나아갈 길을 차근차근 제시해주고 있다.

박영일 이화여자대학교 부총장, 前 과학기술부 차관.

인더스트리4.0에 대해 관심과 고민을 가지고 있을 경영진과
리더들이 반길 만한 책이다.
활용가치가 높은 지침서이므로 늘 곁에 두고
수시로 펼쳐 보기를 권하고 싶다.

손욱 서울대 융합과학기술대학원 교수, 차세대융합기술연구원 센터장,
前 삼성SDI 사장 및 농심 회장

인더스트리4.0으로의 여정—디지털기업으로의 도약

귄터 클롭시
한국지멘스 인더스트리 사업부문 총괄대표

안녕하세요, 한국 독자 여러분. 이 자리를 통해 인더스트리 4.0을 소개할 수 있게 되어 기쁩니다. 여러분도 아시다시피, 앞으로 우리가 마주할 산업환경은 더욱 커다란 변화에 직면하게 될 것입니다. 그리고 인더스트리4.0이 바로 그 중심에서 변화를 주도할 것입니다. 인더스트리4.0으로의 도약을 통해 제품의 생산 과정에 있는 모든 기계와 기계, 공장과 공장을 포함한 모든 공정은 긴밀하게 연결될 것입니다. 그 결과 사람은 지금까지 맡았던 것과는 전혀 다른 역할을 수행하게 될 것이고, 산업은 물론 사회

전반에 커다란 변화가 있을 것입니다. 바로 제4차 산업혁명의 완성이 우리 앞에 놓여있는 것입니다.

디지털화는 인더스트리4.0의 핵심개념이 될 것입니다. 자동화에서뿐만 아니라 데이터통신과 제어기술처럼 수치제어와 통제가 이루어지는 전력화과정에서도 디지털화는 핵심적인 위치를 차지할 것입니다. 또한 디지털화는 제품과 기계, 그리고 솔루션 들을 더 빠르고 효율적으로 생산하고 개발하면서 제조업의 새로운 가능성을 창조할 것입니다. 제조공정에서는 더 나은 효율성과 더 빠른 제품의 출시가 가능해질 것이고, 시스템과 모든 공정이 제품과 그 생산주기에 따라 완전한 가치사슬망을 형성하며 긴밀하게 연결될 것입니다.

지금의 시장트렌드는 모듈화, 생산단계에서의 디지털드로잉, 그리고 기계 간의 커뮤니케이션을 지향하고 있습니다. 미래의 소프트웨어 툴은 생산네트워크의 구축과 운영을 더욱 간단하게 만들어줄 것입니다. 기계설비들은 자동으로 역할과 기능을 더

명확하게 분배받게 될 것이고, 어드레스서버와 같은 중앙관리기능은 더 이상 필요하지 않게 될 것입니다. 또한 소프트웨어 툴은 데이터의 교환을 용이하게 만들고, 커뮤니케이션에서의 보안성을 증대시키며, 예측 가능한 서비스 수행을 지원할 것입니다. 가상세계와 실제세계의 결합인, 전체 제품과 생산주기의 디지털화를 통해 마침내 디지털공장은 현실로 구현될 것입니다. 『인더스트리4.0』은 바로 그러한 놀라운 변화와 비전에 대해서 설명하고 있습니다. 여러분들이 이 책을 통해 인더스트리4.0의 개념과 비전을 이해하는 데 도움을 얻기를 바랍니다.

 토머스 뉴커먼^{Thomas Newcomen}의 증기기관은 1776년 제임스 와트^{James Watt}에 의해 크게 개선되면서 세상을 완전히 뒤바꾸어 놓았다. 이 새로운 기계의 등장으로 세계는 산업혁명을 주도하는 영국과 그것을 뒤따라가는 다른 국가들로 나뉘었다. 후세는 이런 산업적인 큰 변화를 두고 제1차 산업혁명이라고 불렀다. 혁명의 과정에서 누군가는 크게 도약했지만, 또 다른 누군가는 역사의 뒤안길로 사라져야만 했다. 양자의 차이는 단 한 가지였다. 변화를 수용했는가? 아니면 변화에 뒤쳐졌는가?

증기기관이 발명되기 훨씬 이전의 어느 날, 도저히 일어날 것 같지 않은 일에 대해 이야기하는 상상력이 풍부한 괴짜를 만나고 있다고 가정해보자. 그는 앞으로 등장할 새로운 증기기관과 증기기관이 가져올 사회적·기술적·산업적 변화에 대해 나름의 멋진 비유와 논리로 설명하고 있다. 소나 말보다 훨씬 빠르고 힘이 센 강철마차(자동차), 하늘을 날아다니며 많은 사람과 물건을 태울 수 있는 기계 새(비행기), 사람보다 훨씬 더 빠르고 정확하게 일하는 수많은 기계장치들……. 게다가 그 모든 것의 핵심적인 기관이라 할 수 있는 '증기기관'이라는 것은 소나 말 200마리가 내는 힘을 낼 수 있다는 식의 설명이 이어진다. 만약 여러분이 그 시대에 살고 있는 평범한 사람이라면 어떤 기분이 들 것 같은가?

사실 오늘날 인류가 사는 모습을 수백 년 전 사람들에게 설명한다는 것은 무척 어려운 일일 것이다. 그러나 앞으로 15년, 30년 또는 50년 후에 일어날 일을 설명하는 것은 크게 어려운 일은 아니다. 인터넷과 스마트폰의 보급은 이미 사람들의 상상력을 무한대로 확장시켰고, 그러한 상상들이 현실화될 수 있다는 주장에 대해서 어떠한 저항도 느끼지 않을 것이기 때문이다. 물론 그렇게 단순히 고개만 끄덕인다는 것이 곧 변화를 받아들이고, 그것에 적절하게 대처하기 위한 행동으로 이어지는 것을 의미하지는 않지만 말이다.

그렇다. 이 책은 240년 전 개선된 증기기관이 몰고 왔었던 변화보다, 어쩌면 훨씬 더 큰 혁명적 변화에 대해서 미리 엿보기를 하고자 한다. 어쩌면 앞서 말한 대로 사람들은 이러한 '혁명적 변화'에 대해서 그저 그런가 보다 하고 고개만 끄덕일 수도 있다. 하루가 다르게 기술과 삶의 모습이 변하는 요즘 세상에서는 이미 변화에 너무 익숙해져, 어떠한 '혁명적 변화'를 이야기해도 그저 담담하게 생각할 수 있기 때문이다.

그런데 지금 이 책에서 다루려는 이야기가 현실이 될 경우, 우리 삶은 그저 좀 더 편리해지는 수준에서 멈추지 않는다. 그야말로 지금까지의 삶 자체가 송두리째 뒤바뀔 수도 있고, 그에 따른 많은 문제가 발생될 수도 있다. 우리가 먹고 사는 양태가 근본적으로 바뀔 것이기 때문이다. 쉽게 말해서 한국의 경우, 현대자동차나 삼성전자와 같은 간판기업은 물론이고 이들과 밀접한 관계를 맺는 수많은 회사들이 커다란 어려움에 처할 지도 모른다. 당연히 이들과 직간접적인 관계를 맺고 살아가는 노동자들에게도 파장이 미칠 것이다. 수많은 일자리가 하루아침에 증발해버릴 수도 있다는 말이다. 지금 왕성하게 활동하는 주역들은 물론, 미래의 주인공이어야 할 젊은이들에게는 믿기 힘든 소식일 것이다. "무엇으로 먹고 살 것인가를 생각하면 등에서 식은땀이 난다"라는 삼성그룹 이건희 회장의 말이, 이 책에서 말하는 변화를 외면할 경우에는 온 국민의 입에 맴돌게 될지도 모른다.

이러한 '혁명적 변화'의 이름은 바로 인더스트리4.0이다. 사실상 유럽을 이끌고 있는 독일이 그 선봉에 서고 있으며, 2030년 정도면 프로젝트가 상당히 진행될 것으로 예측되고 있다. 도대체

이러한 변화는 무엇을 의미하며, 우리는 이것을 어떻게 바라보고 대처할 것인가? 이 질문에 답을 해보기 위해 우리는 펜을 들게 되었다. 결정적인 계기는 최근 한국에서 추진되고 있는, 인더스트리4.0의 개념과 유사하게 IT기술과 제조업을 결합한 '스마트공장'을 짓는 것을 목표로 하는 '제조업혁신3.0'전략 때문이었다. 2014년부터 정부가 주도적으로 나서서 장관 및 재계의 대표들이 국내 제조업환경의 개선과 새로운 도약을 위해 앞장서는 모습, 그 자체는 무척 좋아보였다. 모처럼 우리 사회에서 제조업의 중요성이 새롭게 부각되는 것이 다행이라는 생각이 들었다. 하지만 내용적인 측면에서 살펴보니 지금보다 더욱 절실해질 필요성이 느껴졌다.

바로 그러한 이유로 우리는 독일이 주도하고 또 목표로 하고 있는 것이 무엇인지, 그들이 말하는 인더스트리4.0은 무엇이며, 왜 그것을 추진하는지에 대해 좀 더 상세히 알아보고자 했다. 또 다른 선진국들은 어떤 위치에서 어떤 형태로 활동하는지에 대해서도 살펴보려 했다.

인더스트리4.0이 필연적이라면, 우리는 반드시 그 어깨에 올라타야 한다. 그렇게 될 경우 우리는 위기가 아닌 오히려 커다란 기회를 맞이하게 될 것이다. 지금 어떤 부분은 다소 과대포장이 되어있는 것도 사실이고, 모든 일이 전망하는 대로만 진행되지는 않을 테지만 말이다. 아래에 정리한 7가지 내용은 앞으로 전개될 변화의 방향을 요약한 것이다. 이는 누구도 피할 수 없는 핵심내용으로 우리가 앞으로 추진하고 동참해야 할 혁신활동이 무엇인지 알려준다.

- 시뮬레이션이 가능한 실시간으로 유연성을 갖춘 공장 구현.
- 다양화되고 개별화된 소비자 욕구를 충족시켜 줄 수 있는 다품종소량생산이 가능한 산업 구현.
- 가상 시뮬레이션을 통해 더욱 빠른 속도로 실제 제품을 개

발하고 생산하는 능력 구현.

- 이상적인 제조원가를 구현하여 인건비의 영향에서 벗어나는 제조환경 구현.
- 친환경, 저에너지 소비의 제조기반 구현.
- 재해가 거의 없는 안전한 공장 구현.
- 총체적으로 사전보수와 고장예방 활동이 구현되는 공장 구현.

이 책의 구성은 모두 세 부분으로 나뉘어져 있다. 제1장에서는 독일 인더스트리4.0의 배경과 비전, 추진 방향, 참여 기업 등을 살펴보고 소개하는 것에 할애했다. 그러나 누구나 말할 수 있는 것처럼 단순히 인더스트리4.0의 진행 과정에 박수만 치는 빤한 이야기는 하지 않았다. 무조건 낙관적인 관점이 아니라, 날카로운 비판의 날을 세우기도 했다. 특히 가상물리시스템

CPS(Cyber Physical System)*에 대해서는 이것이 미칠 잠재적 변화의 충격과 함께 이런 분야에서 활약할 수 있는 기획의 관점 역시 살펴보고자 했다. 제2장에서는 한국을 둘러싼 산업경쟁국이자 선진국인 일본, 미국, 중국, 그리고 독일의 현황과 활동에 대해 간략하게 기술했다. 그들이 현재 무엇을 추구하고 있고, 어떤 변화를 향해 가는지 그 모습들을 살펴보고자 했다. 제3장을 통해서는 실질적으로 한국 독자들에게 제공하고 싶은 핵심부분인 '인간중심 스마트디지털공장'이라는 개념을 다루는 데 할애했다. 왜 스마트공장이나 디지털공장 같은 표현 대신 양자가 합쳐진 '스마트디지털공장'을 말하려 하는지, 또 그것에 왜 '인간중심'이라는 용어가 포함되어야 하는지에 대해 설명하고자 한다. 이는 우리의 현실 상황을 고려하면서도, 또 미래를 걱정하는 마음에 노심초사한 노력의 산물이다. 이를 통해 무엇을 추구해야 하며, 또 어떤 것들을 성취해야만 하는가에 대해 다루려고 한다. 그간

* 실제와 가상 세계가 긴밀하게 맞물려 돌아가는 다양한 용도의 시스템.

의 적지 않은 경험과 지식을 이 책에 녹여냈다.

　이 책은 국가의 장기적인 미래를 기획하며 고민하는 사람, 또 기업에서 새로운 전략 및 기획을 추진하려는 이들에게 꼭 필요하다고 생각한다. 또한 학교에서 후학을 지도하는 분들께도 일독을 권한다. 반복적인 육체노동을 기반으로 하거나, 낮은 숙련도를 필요로 하는 업무, 또한 비교적 단순한 지적 활동을 기반으로 한 일들이 모두 사라질 직업군에 들어갈 것으로 예상되기 때문이다. 이러한 지점에서 우리나라의 미래를 짊어질 젊은이들에게도 일독을 권한다. 미래는 우리가 생각하는 것처럼 낙관적으로 흘러가지 않고, 상당히 다른 방향으로 전개될 수도 있기 때문이다. 새로 닥칠 산업전쟁의 시대에서 한국이 '제2의 한강의 기적'을 일으키는 데, 이 책이 조그만 역할을 했으면 하는 바람을 가져본다.

　마지막으로 우리와 함께 논의하며 좋은 책을 만들기 위해 힘써준 페이퍼로드 편집부와 원고 교정에 힘써준 민유진 씨에게도 이 자리를 빌려 감사한 마음을 전한다.

2015년 5월

저자 한석희, 조형식, 홍대순

목차

제3장 인더스트리4.0 올라타기

제1장

독일
인더스트리4.0에게
묻다

1
폭풍의 눈, 인더스트리4.0

인더스트리4.0은 세상을 바꿀 괴물인가?

지금 독일에서는 대체 무슨 일이 벌어지고 있는 것일까? 몇 년 전 이곳에서 시작되어 주도적으로 추진되고 있는 인더스트리 4.0Industry4.0 프로젝트는 언뜻 많고 많은 새로운 것들 중 하나 정도로 단순하게 보이기도 한다. 그러나 자세히 살펴볼수록 인더스트리 4.0이 몰고 올 변화의 파장은 상상 외로 크다는 것을 감지할 수 있을 것이다. 이 프로젝트는 현재 독일이 주도하고 있지만, 영국·스페인·이탈리아·스위스의 일부 기업들 역시 이들과 협업해서 참여하고 있다. 조금 과장해서 표현하자면, 이런 일련의 움직임들에서 무력이 아닌 돈과 경제로 세계대전을 준비하는 듯한 비장한 전운이 느껴질 정도다.

잠시 2006년으로 거슬러 올라가보자. 독일은 당시 전 지구적으로 변화하는 산업구조에 따른 위기를 돌파하기 위해 소위 'Hightech Strategy 2020'이라는 이름의 10가지 핵심과제를 설정했다. 그 후 2010년 말까지 눈에 띄는 성과를 보이지 않던 이 프로젝트는 2011년 초에 이르러 하나의 전기를 맞게 된다. 단지 핵심과제 중 하나에 일부 내용이 수정되어 삽입되었을 뿐인데, 이 변화가 다른 9가지 추진 의제를 제치고 전 세계적인 이목을 끌게 된 것이다. 이것이 바로 인더스트리4.0이다.

장차 인더스트리4.0 프로젝트가 독일의 계획대로 전개된다면, 특히 우리가 대책 없이 손을 놓고 있는 사이에 이 거대한 변화의 파장이 번져나간다면 그 결과는 분명 우리에게 놀랍고도 두려운 일이 될 것이다. 이미 두 차례의 세계대전을 치르고도 오늘날 굳건히 강대국의 반열에 서 있는 독일. 유럽 내에서는 이런 독일이 또 한 번 세상을 뒤흔들 괴물로서 세계무대에 등장하는 것이 아닌가 하는 경계심도 모락모락 피어나고 있다.

이산화탄소배출이 적고, 에너지 효율적인 환경의 도시구축
CO₂-neutral, energy-efficient and climate-adapted cities

재생가능한 대체에너지 개발
Renewable biomaterials as an alternative to oil

인공지능적인 에너지공급망
Intelligent restructuring of energy supply

개인화된 치료약을 통한 질병대응의 효율화
Treating diseases more effectively with the help of personalized medicine

선제방제 및 합리적 다이어트를 통한 건강 사회 확보
Better health through targeted prevention and an optimized diet

고령화시대의 개별화된 복지
Living an independent life well into old age

지속적 모빌리티
Sustainable mobility

비즈니스 지원을 위한 웹기반 서비스
Web-based services for businesses

인더스트리4.0
Industry 4.0

개인 정보 보호
Secure identities

그림 1 독일 하이테크2020의 10대 추진 의제

근대 유럽은 영국, 프랑스 그리고 독일의 리더십이 혼재하던 거대한 커뮤니티였다. 현대로 접어들면서 점차 영향력이 약화된 영국의 자리를 프랑스나 독일이 차지하는 상황이 지속되었고, 최근에는 독일이 유럽을 주도하고 있다. 두 번의 전쟁 이후에도 눈부신 경제성장과 통일을 이룩해낸 독일은 전 세계적인 경제침체와 금융위기 속에서도 굳건한 모습을 보여주고 있다. 그들이 무너지지 않고 견고한 모습을 보일 수 있는 힘은 어디에서 유래할까?

독일이 추진하는 인더스트리4.0 프로젝트는 폭풍의 눈이라고 할 만하다. 고요하고 잠잠해 보이지만, 사방으로 돌풍을 불러일으킬 수 있는 어마어마한 잠재력이 숨어 있다. 폭풍의 눈이 휩쓸고 지나간 미래의 모습을 상상해보자. 중국처럼 인건비가 저렴하고 숙련된 노동자들로 무장한 전통적인 공장들이 있다. 2030년 무렵이 되면 어떻게 될까? 이런 공장을 아무리 많이 보유한다고 해도 시장에서 뒤처지게 될 것이다. 그때가 되면 이미 변화무쌍한 시장의 요구에 따라 유연하게 움직이는 스마트한 기계설비, 제품을 척척 만들어내는 인공지능로봇 등을 갖춘 독일의 상대가 되지 않을 가능성이 크다. 물론 사람의 노동력이 필요한 소수의 제품군에 한해서는 인건비의 우위를 지키는 국가들이 여전히 경쟁력을 유지할 테지만,

스마트한 생산시스템을 적용할 수 있는 대부분의 제조업 분야에서 과연 어떤 나라가 독일을 상대로 경쟁력의 우위를 점할 수 있을 것인가?

기술력과 함께 공장자동화에 대한 경쟁력도 제법 갖추고 있는 일본은 어떨까? 일본이 지금과 같은 기술운용과 산업전략, 즉 공장 울타리 안에서의 자동화전략만 고집한다면 산업 전반을 총체적으로 통합하고 합리화한 미래의 독일을 당해낼 수 있을 것 같지 않다. 현재 세계 최강대국인 미국은 어떨까? 3D프린팅*, 드론Drone** 등의 기술이 변화를 이끌고 있고, 애플Apple이나 구글Google과 같은 혁신기업들이 눈부신 활약을 하고 있기는 하다. 하지만 미국 역시 인더스트리4.0이 주도하는 변화를 따라잡지 못한다면 장기적으로는 독일에 뒤쳐질 수 있다. 지금 독일이 추진하는 인더스트리4.0은 하이테크산업, 장치공업, 조립산업 등 자동화가 가능한 산업, 스마트센서나 인공지능이 적용될 수 있는 산업 영역에서부터 그 영향력을 발휘하기 시작할 것이다. 그리고 시간이 흐를수록 더 넓은 산업 분야로 빠르게 확산될 것이다.

* 미리 입력된 설계도에 따라 다양한 소재의 제품을 3차원으로 만들어낼 수 있는 기기.
** 전파를 통해 무인으로 비행 및 조종이 가능한 비행체.

그렇다면 한국은 어떻게 될 것인가? 지금보다 더 시장이 축소되어 점점 규모의 경제를 확보하기가 쉽지 않은 상황에서, 그렇지 않아도 시장규모가 작은 한국은 매우 불리한 위치에 처할지도 모른다. 상상만으로도 괴로운 일이지만, 이를테면 현대자동차는 머지않아 독일 자동차기업에 맞설 경쟁력을 잃어버리게 될지도 모른다. 가격경쟁력을 확보하기 위해 모든 현장노동자들을 상대적으로 인건비가 싼 외국의 노동자들로 전부 교체한다고 해도 결과는 크게 바뀌지 않을 것이다.

　　결국 문제의 핵심은 게임의 판도가 새로워졌다는 점이다. 독일은 인더스트리4.0이라는 판도 위에서 한국이 아무리 노력해도 확보할 수 없는 수준의 저렴한 비용으로, 그보다 훨씬 더 경쟁력 있는 품질을 가진 자동차를 시장에 공급할 것이다. 또한 지금은 상상조차 할 수 없는 다양한 제품군으로 고객들의 마음을 사로잡을 것이다. 이런 매력들로 무장한 독일 자동차가 한국의 고객을 위해, 지금처럼 유럽에서부터 배에 실려서 오는 일은 거의 없을 것이다. 한국 내 소규모 공장에서 그때그때 만들어져 필요할 때 필요한 만큼 소비자에게 제공될 것이다. 이 공장을 운영하는 주체는 물론 로봇이나 자동화설비로, 공장에서 근무하는 노동자들은 로봇이 하지 못하는 일을 거들 뿐이다. 엔지니어링이나 개발 업무는 유럽이나 독일에 있는 개발센터에서 이루어질 것이고, 모든 업무는 본사에서 실시간으로 모니터링될 것이다. 따라서 한국의 소규모 공장에서 만든 독일 차는 유럽에서 생산된 것과 전혀 차이가 없을 것이다. 결국 인더스트리4.0이 가져올 변화를 주도하지 못한다면 일괄적인 대량생산으로 경쟁력을 갖던 현대자동차의 제품은 점점 시장에서 외면당하게 될 것이다. 값싸고 품질 좋으면서도 다양한 종류의 독일 제품이 불티나게 팔려나갈 동안 말이다.

이와 유사한 일은 현대자동차에서만 일어나지는 않을 것이다. 삼성과 LG는 물론이며, 한국 경제를 받치고 있던 크고 작은 기업들, 산업현장에서 유능한 기술을 갖춘 작업자들이 더 이상 할 일이 없어 회사를 떠나야 될지도 모른다. 그렇다면 도대체 지금 독일에서 어떤 일이 일어나고 있기에, 이처럼 터무니없고 황당해 보이는 상상을 거론할 수 있다는 말인가?

인더스트리4.0이 가져올 변화

인더스트리4.0의 보다 정확한 명칭은 '인더스트리4.0을 염원하며looking forward industry4.0'다. 독일은 다른 나라의 혁신과 경쟁력 향상, 도전과 추월을 막연히 바라볼 수만은 없어서 이 프로젝트를 시작했다고 말한다. 미국의 제너럴일렉트릭GE(General Electric)과 같은 회사에서 산업용 사물인터넷을 적극 활용하는 모습이나 미국 주도의 3D프린팅 기술의 발전, 한편으로는 한국이나 중국과 같은 신생 제조업 강국들의 도약 등이 독일의 미래에 그림자를 드리우고 위기감을 심어준 것이다. 독일은 판도를 완전히 바꿀 수 있는 새롭고 근본적인 그 무언가를 원했다. 이를 위해 자신들의 강점인 자동차 산업과 같은 제조업 분야, 임베디드시스템Embedded System*이나 산업설비 등에 내장된 소프트웨어산업 분야, 그리고 기타 요소기술 분야의 경쟁력을 더욱 높일 수 있는 방향으로 국가적인 계획을 세운 것이다. 독일에는 대기업과 중소기업이 상생하는 기업문화와 사회적 공감대를 바탕으로, 무려 1,300여 개나 되는 히든챔피언Hidden

---

* 기계 또는 전자 장치에 두뇌 역할을 하는 마이크로프로세서를 장착해 보다 효과적인 제어를 할 수 있도록 하는 시스템.

Champion**, 60여 개의 연구소들로 구성된 프라운호퍼Fraunhofer, 강한 중소기업이라는 미텔슈탄트Mittelstand 등이 존재하고 있어 이러한 혁신적인 프로젝트를 주저 없이 추진할 수 있었다. 또한 생산 엔지니어링 분야에서 100만 명이 넘는 전문인력, 내장형 소프트웨어 분야에서도 수많은 전문가들을 보유하고 있다. 앞으로 전개될 융합적인 산업혁명을 이루는 데 큰 자산이 될 것이다.

독일은 기술적인 측면뿐만 아니라 산업적이고 사회적인 관점에서 인더스트리4.0을 수행하고 있다. 교육 분야 역시 이 프로젝트의 대상이 된다. 앞으로의 혁신을 담당하고 추진할 인재들을 적극적으로 육성할 필요가 있기 때문이다. 무역 및 투자 분야 역시 프로젝트에 주도적으로 참여하고 있다. 이러한 모습들은 이 프로젝트가 단기적이고 부분적인 것이 아니라, 전체적이고 장기적이며 통합적이라는 것을 뜻한다. 인더스트리4.0은 이미 게임의 룰 자체를 바꾸기 위한 전초작업에 돌입했다.

지금까지 제조업 관련 산업 분야의 목표는 대량생산을 전제로 더 낮은 가격과 더 좋은 품질로 제품을 만들어서 시장에 공급하는

** 대중에게 잘 알려져 있지 않지만 시장에서 세계적인 경쟁력을 갖춘 우량 중소기업.

것이었다. 기술이나 기능의 조건이 같다면, 더 값싼 인건비가 제공될 수 있는 곳에서, 가능하다면 최대한의 경제규모를 확보하는 수준으로, 시장에서 통할 수 있는 제품의 제작수량을 정해서 미리 만들고 공급하는 것이 원칙이었다. 이를 위해 정교한 시장예측 방법이 동원되고, 고품질의 부품을 싸면서 빠르고 대량으로 확보할 수 있는 전략이 필요했다. 본국에서 이와 같은 제품을 만드는 것이 여의치 않으면, 더 낮은 인건비를 구축할 수 있는 곳으로 공장을 옮기는 오프쇼어Offshore 전략을 취하기도 했다. 이것이 전통적인 시장의 논리였다.

인더스트리4.0은 여전히 대량생산을 전제로 하되, 필요에 따라 소규모생산도 가능하도록 유연한 생산체제의 구축을 염두에 두고 있다. 이를 위해 스스로 조직화하는 공장Self Organizing Factory을 구상했고, 이미 실험실에서 구현이 된 바 있다. 스스로 조직화하는 공장의 모습은 고객의 요구에 따라서 새로운 사양의 제품을 만들어낼 수 있는 유연생산시스템Flexible Manufacturing System의 전형이다. 단순히 로봇을 활용한다거나 자동화설비를 이용해서 옵션으로 선택하는 정도의 개념이 아니라, 상황에 따라 새로운 라인이 기존 라인에 자연스럽게 추가되고 새로이 조직화할 수 있는 체제를 뜻한다. 이런 수준의 제조시스템을 갖춘 공장이 실현된다면 소비자의 개별화된 욕구에 맞추어 다양한 제품들을 생산하는 것이 가능해진다. 소비자의 개별화된 욕구는 이전에도 늘 있었으나, 그에 따른 비용이 만만치 않아 제대로 수용되지 못했다. 그러나 인더스트리4.0이 성공한다면 개별화된 욕구에 추가되는 비용 부담은 크게 줄어들 것이다. 이런 식의 공급이 늘어나면서, 시장의 개별화된 욕구는 폭발적으로 증가할 것이다. 이런 세상이 가능해진다면 제품을 미리 만들어 재고로 쌓아두는 일은 없어질 것이다. 주문을 받은 즉시 생산하고 공급할 수 있기 때문이다. 스마트물류Smart Logistics와 같은 신속하고 유연한 제품 공급사슬망도 함께 발전할 것이다. 드론을 통해 제품이 소비자에게 마법처럼 신속하게 배송되는 모습을 상상해보라. 더 이상 영화 속 장면만은 아니다.

이런 일들이 실현되기 위해서는 원재료, 설비, 시스템, 작업자, 반제품 및 완제품이 실시간으로 정보를 주고받으며 가장 합리적인 선택을 할 수 있는 '연결된 산업기반'이 활용되어야 한다. 이를 위해 기존 산업기술 위에 정보통신기술ICT(Information and Communications Technologies)이나, 사물인터넷IoT(Internet of Things)이 적극적으로 활용될 것이다. 지금도 이미 상당 부분 실현된 다양한 로봇과 자동화기기는 스마트센서와 지능으로 무장하고 자율적으로 의사결정을 하며 더욱 맹활약할 것이다.

사실 자동화 그 자체가 새로운 화두는 아니다. 미국 테슬라^{Tesla}의 전기차 S모델의 제조공장이나 BMW의 전기차 i3 모델의 제조공장, 지멘스^{Siemens} 암베르크^{Amberg} 공장 등에서는 지금도 웬만한 제조공정과 정형화된 작업을 로봇이나 자동화기기가 처리하고 있다. 인더스트리4.0 시스템 아래에서는 이러한 수준의 자동화공정이 더욱 발전해 사물인터넷 단계의 기술이 이룩될 것이다. 기계들은 상호밀접하게 정보를 주고받으면서 합리적인 의사결정을 수행할 것이고, 이 과정에서 기존 공장의 핵심자산으로서 역할을 해오던 인간은 생산현장을 떠나 엔지니어링과 같은 고부가가치의 의사결정 작업만 수행하게 될 것이다. 또한 이러한 전체적인 업무 변화를 종합적으로 조종하기 위해서 이전까지는 없던 시스템과 업무기반이 등장하게 될 것이다. 가상물리시스템^{CPS(Cyber Physical System)}이 바로 그것이다. 이 시스템은 가상세계와 현실세계를 실시간으로 연결한다. 이에 대해서는 추후에 보다 상세하게 설명하고자 한다.

인더스트리4.0의 이름으로 위와 같은 일들이 실현되는 순간, 인류는 마치 소와 말을 타고 이동하던 세상에서 증기기관을 목격

그림 2 BMW 의 전기자동차 i3제조라인. 알루미늄차대로봇제조및최종차대(위) 및
최종라이프모듈제품(아래)
출처 : Munro&Associates Inc. 및 Testdriven

하는 것과 같은 파괴적인 변화를 경험하게 될 것이다. 모든 질서와

패러다임이 무너질 것이고, 기업 간의 경쟁구도도 철저하게 재편될

것이다. 아직 일부에 지나지 않지만, 소규모 작업장에서는 이미 적

극적으로 시스템의 변화를 꾀하고 실현시켜가고 있다. 인더스트리

4.0이 단순히 미래에 대한 환상만을 심어주거나 실험실에서 끝나

는 프로젝트가 아닌 것만은 분명하다.

2

카이저슬라우테른, 제4차 산업혁명의 발상지

작은 미래, 카이저슬라우테른

독일 남부에 위치한 도시 카이저슬라우테른Kaiserslautern에는 지멘스를 포함한 20여 개의 기업들이 참여해 추진하고 있는 인공지능생산시스템이 갖추어진 공장이 있다. 최근 《니케이 아시안 리뷰》지가 앞으로 21세기 산업혁명이 일어날 곳이라고 예견한 곳이기도 하다. 이곳의 작은 공장에는 액체비누 제품의 생산을 위한 파일럿플랜트Pilot Plant* 생산라인이 들어서 있다. 언뜻 평범해 보이지만 이 생산라인은 결코 평범하지 않다. 이 라인에서 움직이는 IC칩이 장착된 소형 이송장치 위에는 비누세제 제품을 담는 유리병이 놓여 있는데, 이 이송장치는 컨베이어벨트를 타고 라인을 따라 움직인다. 이전까지는 하나의 생산라인이 준비되면 일정기간 동안 동일한 사양의 제품을 최대한 효율적으로 만들어내는 것이 생산성을 유지하고 저렴한 제조원가를 구현할 수 있는 최선의 전략이었다. 그런데 위의 액체비누 파일럿플랜트 공장은 그런 식의 생산을 하지 않는다.

이 생산라인에서 모든 제품은 주문에 따라 다른 사양의 제품으로 만들어진다. 따라서 소형 이송장치에 실린 유리병에는 각각 고객의 주문에 따라 각기 다른 액체와 라벨, 병뚜껑이 붙여지도록 프로그래밍되어있다. 이 과정에서 어느 누구의 확인이나 지시도 필요로 하지 않는다. 이런 생산이 가능한 이유는 이송장치에 붙어있는 IC칩이 일종의 태그로서 무선주파수인식기술^{RFID(Radio-Frequency Identification Detection)**}을 응용해 정보를 주고받기 때문이다. 주어진 기계와 설비 사이에 주고받는 정보에 의해서 작업이 이루어지며, 이들이 스스로 할 일을 정하고 수행한다. 인더스트리4.0이 강조하는 사

---

* 신제품이나 새로운 공법을 도입하기 전에 만든 중간시험용 공장.
** IC칩에 상품정보를 저장해 무선으로 정보를 관리하는 기술.

그림 4 카이저슬라우테른 인공지능센터 건물 외부(위) 및 파일럿 공장 내부(아래)
출처 : DFKI

물인터넷이 작동하는 것이다.

센서를 탑재한 이들 설비는 정보를 주고받으면서, 어떤 제품을 제조해야 되는지, 가장 합리적인 원가와 생산효용을 얻는 방법은 무엇인지 판단하면서 생산활동을 이어간다. 아직은 단순한 형태의 제품에 한해서 시도가 이루어지는 수준이지만, 향후에는 좀 더 복잡한 형태의 제품에서 이런 시스템이 실현될 것이다. 이런 시도가 실험실을 넘어 대규모 공장 현장으로 옮겨가는 날, 독일 인더스트리4.0은 그 목표에 더욱 가까이 다가설 것이다. 인더스트리4.0을 추진하고 있는 이들은 대략 2030년 무렵에는 이러한 일이 실현될 것으로 예상하고 있다. 이들은 궁극적으로 세상의 어떤 제조물품이든 스스로 조직화하는 자동화공장의 시스템 내에서 제조가 가능해질 것이라고 말한다. 이를 위해 지멘스를 필두로 그 컨소시엄에 속한 20여 개의 기업과 기관이 카이저슬라우테른에 모인 것이다.

독일은 어떻게 약점을 극복했을까

인더스트리4.0을 위한 최적의 조건만 갖춘 것 같은 독일에게도 약점은 있다. 그것은 바로 에너지자원의 부족이라는 제약과 비싼 인건비, 인구의 빠른 고령화 등이다. 독일로서는 이러한 단점을 극복할 수 있는 방안을 모색하는 것이 시급했다. 특히 2011년 후쿠시마 원전사고 이후, 2022년까지 원자력발전소 전면 폐쇄를 결정한 독일로서는 에너지자원의 효율적인 사용이 어느 때보다 중요했다. 또한 독일은 이미 일본 다음으로 세계에서 가장 늙은 나라 중 하나로, 사회 전체가 빠르게 고령화되고 있다. 현재 독일 제조회사의 노동자 평균연령은 40대 중반이고, 젊은 노동자 수도 꾸준히 감소세에 있다.

그렇다면 독일은 어떻게 이러한 약점을 끌어안고 더 나은 경쟁력을 확보하려 했을까? 그들은 절대 불평하지 않았고, 고객을 만족시킬 수 있는 '다음 시장의 특성Next Martket Trend'을 선취할 수 있도록 노력했다. 물론 개별화된 다양한 욕구와 같은 특성들은 우리 역시 알고 있었다. 하지만, 독일은 그것을 행동으로 옮겼다.

오늘날 대부분의 시장에서는 제품의 다양성에 대한 욕구가 점점 커지고 있다. 그것은 이미 오래 전부터 글로벌시장을 상대하는 기업에게는 피할 수 없는 과제였다. 예를 들어 원가의 상승, 품질관리의 어려움 등이 이슈가 되었다. 다양성에만 대응하면 결과적으로 기업의 수익성이 나빠지기도 했다. 그러나 독일의 인더스트리4.0 추진자들은 시장의 커다란 변화 추이를 그냥 놓치지 않았다. 물건을 만들어 파는 기업의 입장에서 다양성을 만족시키는 것은 단일한 제품을 대량생산하고 파는 것에 비해 현격하게 어려운 일이긴 하지만, 역설적으로 이러한 어려움을 극복할 수만 있다면 그야말로 '대박'이 나는 일이 될 수 있었다.

사실 독일에게 단일 제품을 대량생산하는 분야의 경쟁력은 신흥제조업강국인 한국이나 중국과 같은 국가에게 넘어간 지 오래다. 산업구조의 변화에 의해 한번 빼앗긴 경쟁력을 되찾아온다는 것은 사실상 불가능한 일이다. 어쩌면 독일에게는 선택의 여지가 없었을 것이다. 국가와 기업의 경쟁력을 회복하기 위해, 어려운 과제지만 다양성의 욕구를 만족시킬 수 있는 유연한 제조 역량을 키우기로 한 것이다. 이것이 성공한다면 독일은 다른 국가들보다 먼저 다음 시장에 진입할 수 있겠지만, 개별 기업만의 힘으로는 사실상 수행이 거의 불가능한 일이다. 따라서 독일은 정부가 앞장서서 산업 분야 전반의 혁신을 꾀하게 된 것이다.

3

누가 인더스트리4.0을 추진하는가?

제4차 산업혁명의 서막

인더스트리4.0은 2011년 세계 최대 규모의 산업기술박람회인 하노버 메세Dassault Systemes에서 처음으로 소개되었다. 이때 제4차 산업혁명이란 비전도 함께 제시되었다. 인더스트리4.0의 추진자들은 이곳에서 시장의 판도를 흔들겠다고 천명한 셈이다.

지금까지의 산업혁명은 후세에 의해 평가되고 규정되었다. 증기기관의 발명 이후 발생한 제1차 산업혁명이나, 전기의 발명과 보급 이후 진행된 제2차 산업혁명은 모두 처음부터 산업혁명 자체를 의도한 것이 아니었다. 그런데 흥미롭게도 지금 인더스트리4.0이 지향하는 제4차 산업혁명은 후세의 평가를 기다리지 않고 스스로 '혁명'이라 말하고 있다. 목표를 정하고 추진하는 동시에 세상을 향해 이미 도래한 미래로서 인더스트리4.0을 전제하는 셈이다. 인더스트리4.0이라는 주제의 강연 또는 전람회에서는 인더스트리4.0이라는 단어가 이미 하나의 브랜드처럼 사용되고 있으며, 제4차 산업혁명을 주창하는 비전은 발표나 전시회 홍보물 등에서 일관되게 제시되고 있다.

인더스트리4.0이라는 키워드와 함께 자주 등장하는 대표적인 기업 중에 지멘스가 있다. 지멘스의 주요 제품은 산업용 자동화 및 제어기기이지만, 산업용 가스터빈 등과 같은 에너지 산업은 물론 의료 산업, 자동차부품 산업 등에서도 고부가가치 제품을 제조하고 있다. 흥미로운 것은 지멘스가 눈에 보이는 제품뿐만 아니라 눈에 보이지 않는 제품인 소프트웨어 분야에서도 선두주자라는 점이다. 즉, PLM* 분야에서 프랑스의 다쏘시스템Dassault Systemes과 미국의 PTC 등과 함께 경쟁하면서 활약하고 있는데, 최근 들어 그 위상이

---

* 제품수명주기관리. 제품의 설계에서부터 생산에 이르는 전 과정을 관리해 부가가치를 높이고 원가를 절감하는 생산프로세스.

점점 더 높아지고 있다. 이런 제품을 통해서 기획에서부터 설계, 생산엔지니어링, 양산, 공급, 운영 및 폐기에 이르는 제품의 수명주기 동안 발생하는 모든 과정과 이벤트, 그리고 의사결정을 처리하는 디지털업무기반을 제공하고 있다. 좀 더 간단히 설명하면 제품에 대한 구상을 도면이나 제품으로 만들어가는 과정에서 사용되는 산업용 소프트웨어를 공급하는 것이다. 가장 대표적인 소프트웨어로는 도면을 형상화하는 CAD가 있으며, 이런 도면의 해석을 지원하는 CAE, 데이터를 관리하는 PDM, 그리고 제조생산의 업무에 대한 평가와 시뮬레이션을 지원하는 디지털 매뉴팩쳐링Digital Manufacturing 소프트웨어 등이 이들의 소프트웨어 판매리스트에 올라 있다.

　지금 인더스트리4.0 프로젝트의 주도적인 역할을 하고 있는 지멘스가 이처럼 주목을 받는 이유는 통합된 산업솔루션 때문이다. 일찍이 세상에는 수많은 선도적 기업들이 존재했지만, 하드웨어와 소프트웨어를 막론하고 전 세계를 통틀어 이처럼 통합된 솔루션을 가지고 있는 기업은 많지 않았다. IBM, GE나 일본의 미쓰비시 같은 기업을 예로 들 수 있겠지만, 지금 지멘스가 이룩한 수준에는 못 미친다. 소프트웨어 제품이나 솔루션을 공급하는 기업은 꽤 있지만, 대개는 특정 산업에서만 활용 가능한 제품을 개발하여 공급하는 데 그쳤기 때문이다. PLM처럼 산업 전반을 지원하는 솔루션을 공급하면서도 하드웨어, 즉 전통적인 산업에서의 비즈니스를 병행하는 사례는 흔히 볼 수 없다. SAP이나 오라클^{Oracle}, 또는 뒤늦게 이 분야에 뛰어든 마이크로소프트^{Microsoft}가 ERP^{Enterprise Resource Planning}* 를 공급하고는 있지만 제조업을 병행하고 있지는 않다. 일부 MES, 즉 제조생산시스템과 같은 소프트웨어를 공급하는 기업 중에 전통적인 산업을 병행하는 기업도 있지만, MES는 PLM 또는 ERP와 같은 수준의 산업용 솔루션이 아니기에, 그 규모나 범위로 볼 때 역시 지멘스가 특이한 상황을 선도하고 있다고 보아야 할 것 같다. 지멘스는 전통적인 사업영역에서도 이미 상당한 수준의 기술을 보유하고 있으며, 이는 다른 기업들에게 한 발 앞선 기술을 판매하고 전달할 수 있을 정도다. 자사 공장의 공정을 매우 높은 수준으로 자동화함으로써 모범적이면서도 미래지향적인 기술발전의 방향을 보여주고 있는 것이다. 그들은 이런 공장을 '스마트공장'이라고 부르고 있다.

---

* 인사·재무·생산 등 기업 전 부문의 관리시스템을 하나로 통합해 생산성을 극대화하는 경영기법.

독일 기업들이 그리고 있는 미래

2014년을 기준으로 지멘스의 총 근로자 수는 34만 명에 이른다. 연구인력만 3만여 명에 달하며, 그중 절반이 소프트웨어 엔지니어로 일하고 있다. 바로 이들이 제조업과 IT기술의 융합을 주도하고 있다. 지멘스가 이처럼 소프트웨어 분야에 많은 투자를 하게 된 계기는 수년 전으로 거슬러 올라간다.

2007년, 이미 여러 번 주인이 바뀐 미국의 기업 UGS가 또 다른 인수자를 기다리며 시장에 매물로 나와 있었다. UGS는 PLM 솔루션을 만들어 파는 회사로, 당시 매출은 15억 유로 수준이었다. 그런데 시장평가액을 훨씬 웃도는 27억 유로에 UGS를 전격적으로 인수하겠다는 곳이 나타났다. 바로 지멘스였다. 당시 그룹 전체 매출이 839억 유로에 육박하던 제조회사 지멘스가 겨우 15억 유로의 매출을 올리던 소프트웨어를 만드는 UGS를 사들인 결정은 의아한 일이었다. 업계에서도 어리둥절한 반응을 보였다. 특히 프랑스 다쏘시스템은 매출에서 소프트웨어 분야가 차지하는 비중이 미미했던 지멘스가 자신과 경쟁관계에 있던 UGS를 인수한 것이 잘 이해가 되지 않았지만, 이내 그 의미를 축소해버렸다. 그때까지만 해도 프랑스의 경영자들로서는 독일인들의 머릿속에 들어 있던 인더스트리4.0과 같은 비전을 이해하지 못했던 것이다. 지멘스는 이때 인수한 UGS의 기술역량을 통해 디지털공장 구축에 한 발 먼저 다가설 수 있게 된다.

결과적으로 지금 지멘스는 하드웨어와 소프트웨어 양자를 결합해 공장을 만들고 운영하는 솔루션을 공급하는, 전 세계에서 거의 유일한 기업이 되었다. 즉 디지털공장, 스마트공장의 솔루션을 함께 공급할 수 있는 기업으로 거듭난 것이다. 불과 10년도 안되는 사이에 일어난 일이다.

독일에는 지멘스 외에도 인더스트리4.0에 깊숙이 참여하는 굵직한 기업들이 여럿 있다. 그중 하나가 세계적인 자동차 부품 회사인 보쉬Bosch 그룹이다. 보쉬 그룹은 기계공업 분야의 제조 및 생산은 물론 엔지니어링, 소프트웨어와 시스템 분야에서 인더스트리4.0을 지원하고 있고, 또 실제로 적용하기 위해 노력하고 있다. 그 대표적인 사례는 연료인젝터 생산에서 찾을 수 있다. 이들은 연료인젝터의 생산에 제품개발 초기부터 고객을 참여시키는 한편, RFIDRadio Frequency IDentification를 부착해서 수십만 가지 제품조합과 생산을 효율적으로 이루어내고 있다. 더 놀라운 것은 이들이 앞서 이야기했던 재고가 없는 소량생산을 추진하고 있다는 것이다. 물론 현재의 시스템으로 소량생산을 유지하면서 이익까지 남기기는 어렵지만, 또 다른 가능성을 탐색하는 과정에서 일종의 투자를 하고 있는 것이다. 불필요한 재고와 생산을 최소화하여 꼭 필요한 것만을 만들어 고객에게 즉시 전달하는 시스템, 이것이 바로 인더스트리4.0이 꿈꾸는 시스템이다.

지멘스와 보쉬만큼 잘 알려져 있지는 않지만, 이미 독일 내 27% 정도의 기업들이 인더스트리4.0 활동 및 연구에 참여하고 있다. 또 일부는 이미 공장 차원에서 인더스트리4.0의 개념을 도입해 실제로 적용하고 있다. 거의 3분의 1가량의 기업들이 인더스트리4.0에 참여하는 셈이다. 혁신의 수용·확산 이론으로 볼 때 이는 벌써 변화가 되돌릴 수 없는 단계, 즉 임계치Critical Mass를 넘어섰다고 봐도 무리가 아니다. 외부로 소식이 전해지는 기업 중에는 지멘스, ABB, 페스토FESTO, SAP, 트럼프TRUMPE, BASF, BMW, 폭스바겐Volkswagen, 다임러-벤츠Daimler-Benz AG, 인피니언 테크놀로지스Infinion Technologies, 티센크루프ThyssenKrupp 등 우리가 알 만한 기업도 제법 많다. 그중 자동차 기업으로서 인더스트리4.0의 적용에 좀 더 적극적인 곳이 폭스바겐이다. 그들은 기존의 자동차기업들이 추진하던 수준을 훨씬 뛰어넘는 모듈화방식을 설계 차원에서 기획하고 제품 개발 업무도 디지털화하는, 자동차 역사상 가장 획기적인 단순화 설계 작업을 추진하고 있다. 단순히 생산성이 향상된 자동화공장 Automation Factory을 넘어서 스마트공장Smart Factory으로 넘어가는 과정에 있는 것이다.

BMW는 어떨까? 그들 역시 스마트공장 개념을 도입해 공정을 고도화-자동화하고 있다. 최근 시장에 출시된 BMW i3는 현존하는 전기 자동차 중에서 가장 혁신적인 제품이라는 평가를 받고 있는데, 제조공법 또한 최고 수준의 자동화공정을 보여주고 있다. 대부분 기계와 설비가 일을 하고, 사람은 단지 중간 중간 필요한 조치나 기계가 하기 어려운 일을 도와주는 수준으로 일하고 있다. 예를 들면 베어링과 같은 정밀부품을 배치하거나, 스냅링으로 위치를 고정하는 등의 일을 사람이 담당하고 있는 것이다. 그러한 작업 외에는 측정을 포함한 모든 작업을 기계가 스스로 수행한다. 자동차는 컨베이어가 아닌 자동으로 움직이는 스마트대차 위에 설치되어 공장을 돌아다니면서 부품이나 모듈이 조립되고, 최종적으로 검사 및 시험까지 마치도록 설계되어 있다. 이들은 현재 공정의 표준화에 노력을 기울이고 있으며, 일부지만 첨가형제조Additive Manufacturing* 기술을 현장에서 부분적으로 적용함으로써 생산현장의 가변성을 높이는 활동에 착수한 상태라고 한다. 다이렉트 제조의 가능성이 점차 현실화되고 있는 것이다.

작은 규모의 기업들도 예외가 아니다. 중소기업인 비텐스타인-바스티안 Wittenstein Bastian 은 인더스트리4.0의 유연한 생산과 인력의 효율적인 활용, 그리고 합리적인 에너지소비라는 의제를 실천한 기업으로 평가된다. 이 회사는 시골 외곽을 떠나 접근성이 좋은 중소도시로 공장을 옮겼다. 그로 인해 필요한 만큼의 근로자를 쉽게 구할 수 있게 되었고 유연한 생산이 가능해졌다. 중소도시의 공장부지가 시골의 공장부지보다 더 비싸다는 것을 무릅쓰고 내린 결정이었지만 효과는 기대 이상이었다. 이 공장에서는 스마트한 생산시스템과 공조시스템이 서로 독립적이면서 정보소통을 통해 늘 공장 내부에 정화된 공기를 공급하고 있으며, 공장 가동에 쓰고 남은 에너지를 스마트한 방법을 통해 주변에 나누어준다. 이를 가능하게 하는 것은 이 공장의 지능적인 열재생시설이다. 회사 내부적으로도 재생된 열에너지를 재활용하지만, 그렇게 쓰고 다시 남은 열에너지를 인근 주민

* 3D프린터를 이용해 고분자 합성수지 또는 금속재료 소재를 용융하는 등의 기법으로 소재를 쌓아올려 물건을 제조하는 방식.

이나 회사 건물에 나누어 공급함으로써 지역공동체에도 기여하고 있다.

4

인더스트리4.0과 제4차 산업혁명

산업혁명의 역사

독일이 말하는 제4차 산업혁명이란 무엇일까. '산업혁명'이라는 말은 경제학자 아놀드 토인비Arnold Toynbee*가 처음 사용했다고 전해진다. 그가 『18세기 영국 산업혁명 강의Lectures on the Industrial Revolution of the Eighteenth Century in England』에서 처음 언급한 이래, 이 용어가 일반적으로 널리 쓰이게 된 것이다.

* 1852.8. ~ 1883.3. 옥스퍼드대학교에서 경제학과 경제사를 공부했다. 졸업 후 동 대학에서 강의를 하며 사회개혁가로 활동했으나, 젊은 나이에 세상을 떠났다. 『18세기 영국 산업혁명 강의』는 사후인 1884년 출판되었다. 동명인 역사학자 아놀드 조셉 토인비의 삼촌이다.

첫 번째 산업혁명은 18세기 중엽에서 19세기 초반, 영국을 중심으로 전개되었다. 증기기관이 중대한 기폭제가 되었다. 이후 제1차 산업혁명이 불러일으킨 여파가 전 세계적으로 확산되기는 했지만, 그 수용이나 확산속도가 생각만큼 빠르지는 않았던 것 같다. 유럽에서조차 산업혁명과 공업화는 1850년대에 이르기까지 일부 지역에서만 국한되어 확산되었고, 유럽 이외의 지역에서는 미국을 제외하면 거의 확산되지 않았다. 독일에서조차 1895년까지 인구의 3분의 1이 여전히 농부로 남아 있었고, 동유럽과 남유럽 대부분의 지역은 산업화와는 무관한 지역으로 남아 있었다. 산업혁명이 일으킨 변화는 엄청났지만, 모든 국가와 지역, 경제체제 전반을 단번에 뒤바꾸지는 못했다.

제1차 산업혁명의 영향력이 아직 전 세계에 확산되기 전인 20세기 초부터 두 번째 산업혁명의 싹이 움트기 시작했다. 이는 전기의 발명과 보급, 그리고 컨베이어시스템의 등장에 따른 획기적인 생산성 혁신을 통해서 전개되었다. 석유자원 그리고 전화, 텔레비전과 같은 커뮤니케이션기술의 발명을 주도한 미국이 제2차 산업혁명의 주도권을 움켜잡았다. 그리고 미국은 지금까지 전 세계적인 주도권을 쥐고 있다.

인더스트리4.0을 추진하는 사람들은 제3차 산업혁명이 PLC Programmable Logic Controller*기기의 등장과 자동화기술의 발전과 맞추어 1970년대 전후부터 시작된 것으로 본다. 이때 등장한 자동화 기술로 말미암아 인간은 공장에 '자동화'라는 새로운 개념을 도입할 수 있게 되었다. 제3차 산업혁명은 제조공정의 자동화를 달성하기 위해 전자, 제어, IT 기술을 적극 활용하며 진화했다. 이런 기술의 진화를 통해 인간은 단순한 육체노동을 자동화설비에게 넘기면서 노동의 강도를 조금씩 줄일 수 있게 되었다. 또 극히 일부이지만 두뇌를 사용해야 하는 지적인 노동 역시 점차 기계에게 넘길 수 있게 되었다. 비로소 인간의 역사에서 노동의 부담이 축소되는 시대가 열리기 시작한 것이다. 이러한 측면에서 인더스트리4.0이 추구하는 제4차 산업혁명의 비전은 이미 제3차 산업혁명 속에 잉태되어 있다고도 볼 수 있다.

인더스트리4.0의 추진자들은 자신들이 주도하는 변화를 제4차 산업혁명으로 정의한다. 이들이 말하는 산업혁명의 여정을 요약하면 그림5와 같다. 증기기관을 중심으로 새로운 기계가 등장한 제

---

* 각종 센서가 제어기로 신호를 보내 설정에 따라 로봇이 작동하도록 한 장치.

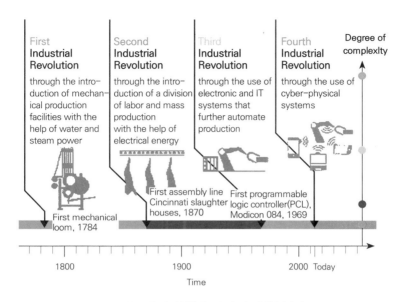

그림 5 제1차 산업혁명부터 제4차 산업혁명까지
출처 : DFKI(2011)

1차 산업혁명, 전기의 등장과 노동생산성의 향상에 의한 제2차 산
업혁명, 자동화에 따른 노동력 감소 및 자동화기기로의 대체로 이
어진 제3차 산업혁명, 그리고 마지막으로 인더스트리4.0이 주도하
는 제4차 산업혁명이 그 뒤를 잇는 것이다.

제4차 산업혁명의 특징

제4차 산업혁명의 특징은 무엇일까? 한마디로 '스마트한 세상'으로 요약될 수 있을 것이다. 스마트제품, 스마트공장, 스마트홈, 스마트빌딩 등……. 세상은 온통 스마트한 것들로 들어찰 것이고, 제품-공장-집은 물론 도시와 국가, 아니 어쩌면 세계의 모든 것이 서로 연결될지도 모른다. 최근 사물인터넷이 세상의 관심을 많이 받고 있는 이유이기도 하다. 특히 산업현장에서는 공장의 재료, 기계설비, 부품, 반제품, 완제품 들이 서로 정보를 자동으로 주고받으면서 스마트공장 시대가 열릴 것이다. 궁극적으로는 사람 없이도 기계나 설비의 수리까지 자동적으로 가능하게 될 것이라는 주장도 제기되고 있다.

인더스트리4.0은 산업과 공장을 특히 명시하고 관련된 활동을 중심으로 프로젝트를 전개하고 있는데, 여기서 더 나아가면 그림6에 정리된 기술들을 활용하여, 앞서 언급한대로 인간의 모든 삶의 영역이 '스마트'한 변화의 영역에 포함될 것이다. 즉 이 프로젝트는 산업에서의 변화뿐만 아니라 삶 자체에 대한 획기적인 변화를 가져오는 것을 목적으로 삼고 있다.

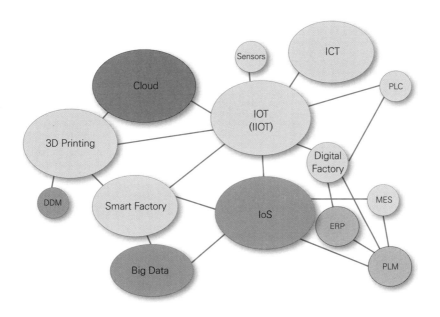

그림 6 인더스트리4.0을 촉진하는 기술 틀

　　만약 이 모든 것이 그대로 실현된다고 가정하면, 독일이 주도
하는 인더스트리4.0만으로도 제품을 만드는 과정에서 지금과는 전
혀 다른 수준의 변화가 나타날 것이다. 제품의 기획, 엔지니어링, 제
조, 운영 및 물류라는 제품개발과 처리과정에서 놀라울 정도의 가
변적 역동성이 나타나는 것이다. 이러한 변화는 먼저 제조원가에
긍정적인 영향을 미쳐, 어느 누구도 따라올 수 없는 수준의 합리적

인 제조원가가 확보될 것이다. 또한 시장 변화에 대응하는 변동성 측면에서도 매우 긍정적이고 획기적인 영향을 줄 것이다. 이러한 역량을 갖춘 기업들이 제품의 시장 선점과 확산도 매우 빠르게 이룰 수 있을 것임은 자명하다. 게다가 모든 자원을 합리적으로 소비함으로써 재고로 고심하는 일 따위 없이 합리적인 기업 운용이 가능해질 것이며, 나아가 사회적인 측면에서 환경문제에도 긍정적인 영향을 미칠 것이다.

결과적으로 시장의 무수한 다양성을 실시간으로 만족시킬 수 있게 되면서 인류가 제조업을 통해 꿈꾸던 이상이 비로소 실현될 것이다. 공장과 공장 간의 연결고리가 더욱 밀접하게 연결되도록 진화하게 되면서, 시장이 원하면 언제든 필요한 생산라인이나 공장이 스스로 만들어지는 것이다. 인간은 기계들의 자생적 조직 생성 및 운용을 촉진하기 위한 원칙과 관련된 소통, 그리고 의사결정방식, 또 이와 관련된 규칙과 표준을 만드는 일에 더욱 노력을 기울이게 될 것이다. 그리고 이런 기계들과 소통하기 위한 인간과 기계 사이의 인터페이스에도 획기적인 방법들이 생겨날 수 있을 것이다.

엔드 투 엔드, 물리적 공장과 디지털공장의 결합

제4차 산업혁명의 비전이 완전히 성취되기 위해서는 단순히 기계의 활약만으로는 부족하다. 기계들이 산업현장에서 더욱 똑똑해지는 만큼, 인간의 지적 고유영역인 제품의 개발프로세스 역시 더욱 고도화되고 합리적인 판단이 가능하도록 진화해야 한다. 이를 위해 인더스트리4.0 추진자들은 제품 전체 수명주기에 경쟁력을 끌어올릴 수 있는 엔드 투 엔드 End to End 개념을 강하게 제시한다.

엔드 투 엔드는 이미 20년 전부터 등장한 개념이다. 오랜 기간 기업 현장에서 시도되었지만, 지금까지도 이를 제대로 실현한 기업을 찾아볼 수 없을 만큼 성취하기 어려운 목표다. 하지만 일단 성취하게 될 경우 제품의 경쟁력이 원가·품질·시장에 내놓는 출시기간 등 모든 면에서 질적인 향상을 이룬다는 것은 분명하다. 도대체 엔드 투 엔드가 무엇이기에 이토록 주목을 받는 것일까? 제품을 개발하는 과정은 길고 복잡하다. 기획과 설계, 생산을 위한 준비 등 다양한 엔지니어링 활동이 수행된다. 그 후 제조 및 양산 과정을 거쳐 제품이 고객에게 넘겨지고 수명을 다할 때까지 기업은 전 과정을 관리하게 된다. 엔드 투 엔드란 이처럼 처음부터 끝까지 제품을 둘

러싼 모든 절차가 관리되는 것을 말한다. 이 과정에서 성과를 거두기 위해서는 제조와 생산이 일어나는 실제 물리적 공장과 가상의 디지털공장이 서로 이음새를 식별할 수 없을 만큼 밀접하게 연결되고 융합되어야 한다.

독일 하노버 메세에서는 스마트공장과 함께 디지털공장 코너가 인더스트리4.0의 강령 아래 함께 전시되었다. 이 분야의 선발주자인 지멘스 역시 디지털공장 사업부분 대표가 스마트공장 사업을 함께 추진하고 있다. 이처럼 독일 기업들이 전 세계의 다른 기업들보다 디지털공장의 운영에서 앞서 있는 것은 분명한 사실이다. 손에 잡히지 않는 목표였던 엔드 투 엔드가 인더스트리4.0이라는 깃발 아래 그 꽃을 피울 수 있게 되었다. 하지만 이들 역시 완벽한 형태의 디지털공장을 운영하는 것은 아니다.

엔드 투 엔드의 개념이 실현된 완전한 디지털-스마트공장을 상상해보자. 인더스트리4.0이 실현된 이곳에서는 엔지니어링 과정에서 종종 발생했던 설계 실수는 거의 일어나지 않는다. 완벽한 설계가 이루어지기 때문에 도중에 설계를 변경하는 일도 없으며, 제품이 생산라인에서 조립되지 않아 낭패를 보는 일도 없다. 제품의 생산이 시작되면 재료, 설비, 로봇, 컨베이어시스템, 자동창고시스템 등 모든 요소와 자원들이 상호연결되고, 센서를 통해 실시간으로 대응하고 서로를 통제한다. 고장이 나면 자동운반설비가 부품을 싣고 이동해 필요한 조치를 취하기도 한다. 모든 제조과정의 주요한 정보들은 필요로 하는 사물과 사람들에게 실시간으로 공유된다. 완제품 역시 스마트기능을 보유하게 된다. 제품 스스로 잘 가동되고 있는지, 오류나 문제점은 없는지, 언제쯤 제품의 수명을 다하게 될 것인지 등을 파악하고 사용자-생산자 간에 실시간으로 정보를 공유한다. 예컨대 가정에서 사용하는 정수기의 경우, 회사가 정기적으로 필터를 교체하는 수준을 넘어, 실시간으로 정수기 상태를 점검하고 필요한 조치를 취할 수 있게 된다. 이러한 기능을 통해 제조회사는 자신들이 만든 제품에 어떤 문제가 있는지 또 언제 얼마나 새로운 제품을 만들어야 하는지도 예측할 수 있게 된다. 고객들 역시 제품을 기획하는 순간부터 자신들의 의견을 제시하고 개발에 참여할 수 있게 된다. 즉, 기업과 기업뿐만 아니라 소비자와 기업도 밀접하게 연결되어 제품을 생산하게 되는 것이다. 이것이 가능하게 된다면, 디자인-구성-주문-계획-생산-운영-재활용 등 전체단계에서 업무 방법과 절차가 영향을 받게 될 것이다.

제품을 만드는 기업은 쌓아온 그간의 지식과 경험을 토대로

그림 7 인더스트리4.0이 지향하는 엔드 투 엔드 역량
출처 : Siemens

고도의 효율적인 업무생산성을 유지하는 동시에 생산현장에서 가장 합리적인 제조활동이 이루어지기를 원한다. 제조에 대한 근본적인 지식과 경험을 산수에 비유한다면, 디지털공장은 미분, 스마트공장은 적분에 비유할 수 있을 것 같다. 독일이 아닌 다른 나라들이 섣불리 인더스트리4.0과 같은 비전을 주도적으로 말할 수 없는 것은 제조 및 산업의 기반이 독일에 비해 상대적으로 취약하기 때문

이다. 지멘스에서는 이미 공장용 터빈설비에 센서를 장착해 기계가 작동하는 동안, 모든 운용정보가 전송되도록 하고 있다. 이러한 정보를 통해 고객사의 설비를 관리하고 유지보수를 하고 있다. 지멘스 외에도 BMW, 다임러-벤츠, 폭스바겐과 같은 기업들이 폭넓은 디지털공장을 운용할 수 있는 단계에 도달해 있다.

또 하나의 혁신, 3D프린팅

한 가지 더 주목할 것이 있다. 바로 3D프린팅 기술을 산업혁명 차원에서 어떠한 관점으로 이해해야 하는가 하는 점이다. 이를 단순히 공정혁신의 한 사례로 보아야 하는지, 아니면 또 다른 산업혁명을 이끌 혁명적 기술로 보아야 하는지 논란이 있을 수 있다. 왜냐하면 제조용 3D프린팅 기술, 즉 첨가형제조기술의 파괴력이 제조업 현장에 미칠 변화가 가히 혁명적이기 때문이다. 벌써부터 소량생산이 필요한 일부 자동차·항공 제조업에서는 이러한 기술을 적용하고 있는 사례가 나타나고 있다. 대량생산의 경우 플라스틱 계통의 값싼 재료는 이미 폭넓은 활용이 가능한 상태이고, 아직 기술

수준이나 생산성 측면에서 전통적인 제조공법에 비해 경쟁력이 떨어지기는 하지만 점차 금속재료 역시 3D프린팅 기술을 통해 현장에서 다이렉트로 제조될 수 있을 것이다. 그렇게 된다면 제조공장에서 필요한 부품을 필요할 때 필요한 만큼, 즉시 만들어서 직간접적으로 메인 조립라인에 투입할 수 있게 된다. 부품 공급업체가 부품을 만들거나 단순히 샘플을 제작하는 차원을 넘어서서 최종 조립업체가 대량생산에 사용될 부품을 직접 만들 수 있다는 뜻이다. 이렇게 되면 모든 공장은 필요한 수만큼의 3D프린터를 공장에 설치하기만 하면 된다. 부품을 공급하는 제조사들이 모두 사라질 위기에 처하는 것이다. 결국 지금의 제조업의 구조는 통째로 바뀌게 될 것이다. 인더스트리4.0이 목표로 하는 것처럼 모든 것이 연결되는 조건에서는 이러한 기술의 변화가 전체 기업들의 역할과 활동, 균형 전반에 새로운 조율을 요구하게 될 수도 있다. 이런 급격한 변화는 각 산업 주체들에게 빛과 그림자를 동시에 안겨줄 것이다. 이것은 인더스트리4.0을 옹호하고 추진하는 이들이 풀어야 할 숙제 중 하나다.

5

CPS, 인더스트리4.0만의 필요조건인가?

CPS란 무엇인가

인더스트리4.0에 대해 언급하는 사람들은 CPS^{Cyber Physics Systems}, 그러니까 가상물리시스템을 거의 필수적인 요건으로 제시한다. 제4차 산업혁명이 독일이 꿈꾸는 미래이고, 인더스트리4.0 계획이 이를 실현하려는 활동이라고 한다면, CPS는 그것을 구체적으로 실현할 수 있는 플랫폼^{Platform}인 셈이다. 그렇다면 CPS란 무엇일까. 한마디로 세상의 모든 자원·정보·사물 그리고 사람 사이의 연결을 가능하게 만드는 시스템을 말한다.

2008년 CPS Steering Group은 "CPS는 인류역사상 등장한 적이 없는 시간과 공간을 뛰어넘는 사회적 서비스"라고 정의했다. 또 미국의 저명한 교수인 에드워드 리[Edward Lee]는 "CPS란 물리적인 프로세스와 컴퓨팅의 통합"이라고 말하는 등 CPS에 대한 정의가 점점 구체적으로 형태를 갖추기 시작했다. 쉥커[Shanker] 교수 역시 CPS를 "컴퓨팅, 커뮤니케이션, 모니터링이 가능한 스토리지, 물리적인 세계에 실시간으로 접속 가능하고 안전한 보안을 통해 제어할 수 있는 시스템"이라고 제시한 바 있다.

CPS는 이처럼 현재까지도 그 개념이 정립 중인 플랫폼이며, 보다 구체적인 정의를 위해서 아직도 많은 논의가 필요하다. 하지만 CPS를 정의하는 사람들이 한 목소리로 선을 긋는 지점은 있다. CPS가 단순히 센서들이 연결되어, 책상 위에 놓인 컴퓨터를 통해 처리하는 형태의 전통적인 임베디드시스템이나 리얼타임시스템은 아니라는 점이다. 그들은 CPS가 포함해야 할 여섯 가지 특징을 다음과 같이 나열한다. 첫째, 모든 물리적인 요소가 사이버에서도 운용되어야 한다. 둘째, 복수의 네트워크가 무한하게 증가할 수 있어야 한다. 셋째, 재조직 및 재정의가 가능하여야 한다. 넷째, 고도의 자동화가 철저한 보안장치를 갖추어 폐쇄적으로 운용될 수 있어야

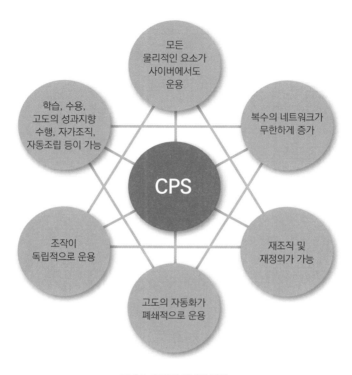

그림 8 CPS의 개념적 정의

한다. 다섯째, 조작이 독립적으로 운용되어야 하며 경우에 따라 인증을 받는 방식이어야 한다. 여섯째, 물리적 공간 및 사이버 공간에서의 학습과 수용, 성과지향적인 업무수행, 자가조직, 자동조립 등이 가능해야 한다.

이미 미국에서도 CPS는 주목받는 개념이다. 2006년 미국과학재단ᴺˢᶠ은 CPS의 적용 가능성에 대한 논의를 시작했고, 2009년에는 연구지원 프로그램으로 연간 300억 원의 예산을 투입하기도 했다. 또한 2014년에도 CPS에 대한 연구를 지원하는 내용을 공포했다. 미국경쟁력위원회 역시 미국의 향후 경쟁력 유지를 위한 열쇠로서 CPS를 주목해야 한다는 견해를 피력했고, 버락 오바마ᴮᵃʳᵃᶜᵏ ᴴᵘˢˢᵉⁱⁿ ᴼᵇᵃᵐᵃ ᴵᴵ 미 대통령도 2013년에 발표한 혁신 프로젝트에 CPS를 포함시켰다.

여기서 한 가지 주목할 점은 직물산업과 의료산업 등에서 먼저 CPS 개념의 적용이 논의되었다는 사실이다. 해당 분야에서 사용되는 임베디드시스템의 복잡성이 급속하게 증대되면서 기존의 기법보다 훨씬 더 매끄럽게 소프트웨어와 물리세계의 상호작용을 가능하게 하는 설계기법으로 대두된 것이 바로 CPS였다. 한편 정보통신기술ᴵᶜᵀ이 환경·에너지·교통·경제·안전·의료 등 복잡한 사회시스템의 핵심적인 인프라가 되면서 더욱 안전하고 효율적으로 사회시스템을 설계하고 운용·보수하기 위해 대두된 것도 CPS다. 이외에도 센서기술 등 복잡한 요소기술이 발전함에 따라 물리세계의 데이터를 쉽게 ICT세계에 넣을 수 있게 되면서 대량의 데이터 분석이 가능하게 된 것 역시 CPS의 등장 배경이었다. 스마트그리드 Smart-Grid 전력망*, 스마트교통시스템, 스마트시티 등도 CPS와 무관하지 않다. 이것들이 기존의 ICT와 차별화되는 점은 양적으로나 질적으로 더 복잡한 데이터를 처리할 수 있고, 물리적인 세상과 더욱 긴밀히 통합될 수 있다는 것이다.

이상을 종합해볼 때 CPS는 인더스트리4.0을 위해 독일에서 준비되거나 정의된 개념이라기보다는, 이미 다른 분야나 영역에서 구체화한 것을 인더스트리4.0의 추진자들이 새롭게 구성해 발전적으로 적용하고자 하는 대상이라고 볼 수 있다.

인더스트리4.0을 뒷받침하는 CPS

그림9를 보자. 이 개념도는 독일인공지능연구소DFKI에서 제시한 것으로 인더스트리4.0을 기반으로 하는 기술 융합의 지향점에 대한 구상이 어떤 것인지 잘 보여준다. 이에 따르면 CPS는 제조현

* 기존 전력망에 정보기술을 접목, 공급자와 소비자가 실시간으로 정보를 교환해 에너지 효율을 높이는 기술.

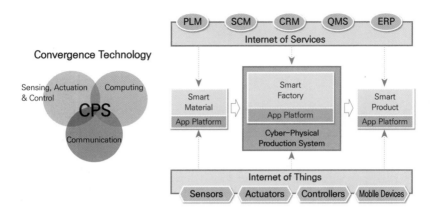

그림 9 인더스트리4.0을 위한 CPS의 개념도
출처 : DFKI(2011)〉

장의 센서, 액추에이터Actuator*, 콘트롤러, 그리고 컴퓨팅과 통신 기
술을 융합적으로 조직화하는 것을 알 수 있다. 이를 좀 더 구체화하
면, 사물인터넷IoT, IoSInternet of Services, IoPInternet of People 등이 등장한
다. 사물인터넷은 최근 세간의 관심이 집중되고 있는 핫이슈이고,
IoP는 우리가 사용하는 인터넷과 같은 의미다. 여기서 눈여겨보아
야 할 것은 다른 분야에서는 자주 언급되지 않는 IoS, 즉 서비스인
터넷이라는 개념이다.

* 전기나 가스, 압축공기 같은 유체에너지를 사용해 기계적인 일을 수행하는 기기.

서비스인터넷은 기존의 엔터프라이즈시스템Enterprise System**과 솔루션들이 통합되고 연결된 개념이다. PLMProduct Lifecycle Management, ERPEnterprise Resource Planning, MESManufacturing Execution System, QMSQuality Management System, CRMCustomer Relation Management, SCMSupply Chain Management 과 같은 시스템과 솔루션들이 하나의 서비스로 존재하는 동시에, 각 서비스는 필요할 때에 필요한 만큼 사용될 수 있다.

스마트공장이 주로 한 공장의 울타리 내부에서 이루어지는 활동을 강조한다면, CPS는 한 공장의 울타리를 넘어서 다른 공장과의 연결은 물론, 조달·물류·판매·사후관리에 이르기까지 전체 공급사슬망을 통합하고 연결한다. 따라서 이것이 현실화된다면 독일은 국경을 넘어 전 세계 모든 장소와 현장에 연결될 수 있으리라는 가정이 가능해진다. CPS가 가진 가능성을 종합하면 지구적Global인 관점에서 제조와 판매, 사후관리 등이 실현될 것이다. 또한 위치가 어디든 가치사슬망Value Chain Net에 놓인 모든 이해당사자들이 CPS 위에서 상호이익을 위해 긴밀하게 협력할 수 있게 될 것이다.

인더스트리4.0을 통해 독일이 꿈꾸는 산업 전략은 단순한 공

** 수백~수만 개씩 존재하는 다양한 운영체제를 메인프레임에서 PC까지 모두 관리하는 시스템.

장자동화를 넘어서 새로운 산업혁신 플랫폼을 선도적으로 공급해, 시장을 장악하는 것이다. 이미 제조업 분야에서 세계시장을 주도하는 독일의 능력을 감안할 때 이러한 전략은 충분히 현실성이 있다. 예컨대 독일 장비산업이 인더스트리4.0의 비전을 실현할 수 있는 솔루션을 기존 설비나 라인에 담아 전 세계에 공급한다고 가정해보자. 단숨에 세계시장을 장악할 수 있을 것이다. 그렇게 된다면 전 지구적인 제조생산시스템은 독일 것으로 모두 통일되거나 적어도 독일 중심으로 재편될 가능성이 매우 높다. 이들은 단순히 제조뿐만 아니라 기획·설계·개발·생산 등 모든 과정을 통합하는 엔드 투 엔드의 관점에서 산업 전 분야를 연결하는 것을 목표로 한다. 한마디로 온 세상이 독일이 제시한 플랫폼으로 연결되는 것이다.

6

세상을 바꿀 혁명은 과연 실현될 것인가?

혁신은 어떻게 수용되고 확산될 것인가

저항 없이 단번에 수용되는 혁신이 있을까? 그림10에서 볼 수 있는 것처럼 혁신이 인류 전체로 확산되기까지는 보통 수십 년에서 길게는 수백 년, 혹은 그 이상의 시간이 걸린다. 정제된 비타민C가 상용화되기까지는 무려 250여 년이 걸렸다. 물론 근대 이후부터 혁신의 수용 및 확산 속도가 조금씩 빨라지기는 했다. 전기, TV, 자동차, 항공기와 같은 혁신은 수십 년에 걸쳐 수용과 확산이 이루어졌다. 20세기 말이 되면 이보다 좀 더 빨라진다. 인터넷과 스마트폰이 대표적인 사례다. 하지만 인류 전체로 확산되기까지는 여전히 적지 않은 시간이 소요된다. 또한 어떤 혁신은 쥐도 새도 모르게 사라져버리기도 한다. 우리에게도 익숙한 VTR, MP3 플레이어, 삐삐, 씨티폰 등이 그렇다. 분명한 것은 혁신이 수용되거나 사장되는 것은 전체 확산과정에서 나타나는 일부의 단계이며, 그 과정은 대개 S자 커브를 그리게 된다는 점이다.

그렇다면 제4차 산업혁명이라 표현할 만큼 혁신적인 인더스트리4.0의 경우, 기존 생태계가 과연 주저 없이 받아들일 것인가? 저항은 반드시 존재할 것이다. 수용하는 쪽이 단순히 게으르거나 변화를 싫어해서가 아니라, 이해득실에 따라서 각기 다른 반응이 나올 수 있기 때문이다. 이런 가능성까지 고려한다면, 인더스트리4.0은 독일이 전망하고 있는 15년보다 더 많은 시간을 필요로 하는 장기적인 혁신이 될지도 모른다. 또한 그 과정에서 내용이 일부 수정되거나 변형되기도 할 것이다. 이런 일은 실제로 PLM*이라는 솔루션이 세상에 소개되는 과정에서 일어났다. 지난 2000년, 프랑스의 경영전략가들과 다쏘시스템이라는 기업에 의해 처음 소개

---

* 제품수명주기관리. 제품의 설계에서부터 생산에 이르는 전 과정을 관리해 부가가치를 높이고 원가를 절감하는제품 개발 프로세스 관련 솔루션.

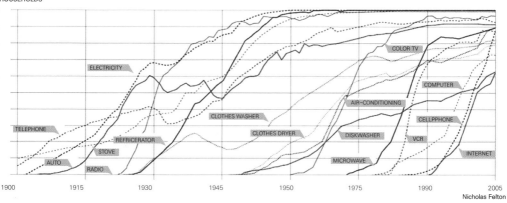

그림 10 혁신의 수용과 확산의 사례

된 PLM은 15년이 흐른 지금 처음의 개념과 많이 달라졌다. 초반에 제시된 PLM의 비전들 중 일부는 현실의 벽에 부딪쳐 폐기되기도 했다. PLM은 이러한 변화를 비관하거나 부정하지 않는다. 최근에 있었던 국내 PLM 전문가들의 공식모임에서 이들이 내린 결론은 "PLM은 변했고, 앞으로도 변할 것이다"라는 것이다. 모든 것은 변한다. 인더스트리4.0 역시 마찬가지일 것이다. 그렇다면 인더스트리4.0이 필연적으로 맞닥뜨리게 될 저항은 과연 무엇이 될까? 그리고 저항의 계기나 원인에는 어떤 것들이 있을까? 다음의 분석은 제2장에서 다루게 될 주제와 연결되어 중요한 시사점을 제공해줄 것이다.

저항 1
─산업 분야별 격차

    산업 분야별 비전에는 격차가 존재한다. 미래의 공장이라고 하면 언젠가 공상과학영화에서 본 것 같은 로봇만이 존재하는 공장을 상상하겠지만, 그런 일이 아주 빠르게 이루어지지는 않을 것이다. 제품의 복잡성과 필요한 기술수준에 따라서 다르지만 대체로 중요한 의사결정을 주재하는 일은 여전히 사람의 몫으로 남겨져 있고, 기계와 로봇은 비효율성이나 실수를 적극적으로 보완하는 수준에 머물 뿐이다. 인간이 인공지능에게 모든 일을 맡기는 것은 생각보다 간단한 문제가 아니다. AI100이라는 인공지능 개발프로젝트가 향후 100년이라는 긴 여정을 설정해 두고 출범한 것만 보아도 인공지능이라는 주제가 얼마나 복잡하고 난해한 과제인지를 짐작할 수 있다. 인더스트리4.0이 말하는 '스스로 판단하는' 스마트지능에는 바로 이러한 현실과의 격차가 존재한다. CPS의 대가인 에드워드 리 교수는 자생적인 프로그래밍, 즉 프로그램이 스스로 프로그램을 짜는 일은 불가능하다는 것을 입증한 바가 있다. 정해진 로직을 따라 움직이는 컴퓨팅은 가능할지 몰라도, 프로그램이 스스로 정보를 받아들이고 판단해서 결정하는 일은 지극히 한정된 범위 내에서만 가능하다는 것이다. 머지않아 사물인터넷을 통해 원재료, 설비, 운반장비, 관련기기들이 서로 연결되겠지만 인공지능이 사람을 대신해 판단과 책임의 주체로서 결정권을 가지는 일은 여전히 요원해 보인다.

이런 생각은 최근 미국 디트로이트 시의 제너럴모터스 General Motors 파워트레인 부문을 다녀온 뒤로 더욱 확고해졌다. 자동차의 심장과도 같은 엔진이나 변속기를 과연 인더스트리4.0의 구상대로 제조할 수 있을까. 각각의 정밀부품들을 제조하는 저마다 다른 기업들의 수없이 얽히고설킨 이해관계를 고려할 때, 이 모두를 아울러 판단하고 처리할 수 있는 인공지능이라는 존재는 상상하기 어려운 것이었다. 향후 3D프린팅과 같은 기술이 적극적으로 도입된다고 해도 마찬가지일 것이다. 변속기의 재료 대부분이 금속인 점, 전문가들이 예측하는 프린팅 속도의 증가 추이를 감안하면, 적어도 수십 년 이내에는 스마트지능이 경제적인 타당성을 갖추기가 어려울 것으로 보인다.

저항 2

—산업생태계에서 패자의 저항

'패자의 저항'은 인더스트리4.0의 확산을 막는 가장 큰 장벽이 될 수 있다. 산업생태계는 공급사슬망을 중심으로 다양한 이해관계자들이 산업동향에 따른 이해득실을 예측하고 대비하는 거대한 공동체다. 인더스트리4.0은 원하든 원하지 않든 간에 산업주체들을 승자와 패자로 갈라놓을 것이다. 손해를 볼 것이 분명한 패자의 입장에서는 혁신에 대한 부정적인 반응들을 쏟아내며 긴장감을 조성할 것이 분명하다. 특히 산업생태계의 아래쪽에 위치한 공급업체의 위상은 지금보다 훨씬 약해질 수가 있다. 공급망이 하나로 연결되고 실시간으로 생산이 가능해진 상황에서, 기업들은 공급업체를 배제한 채 스스로 모든 것을 처리하려는 욕망을 어떻게 다스릴 수 있을까?

또 한 가지 예측되는 상황은 핵심부품을 만드는 공급사가 서로 다른 수준의 두 고객을 맞이하는 경우다. 한 기업은 인더스트리4.0에 준하는 수준의 기업이고, 다른 한 기업은 아직 전통적인 방식의 수준에 머물러 있는 기업이라고 가정해보자. 전자는 재고 없는 실시간 생산이 가능하겠지만, 후자는 부품이 모자랄 경우를 대비해 수요를 예측하고 재고를 쌓아두는 방식으로 부품을 공급해야 할 것이다. 이렇게 되면 공급사의 입장에서는 서로 다른 고객들을 관리하는 데 무척 어려움을 느끼게 될 것이다. 이는 CAD*와 같은 프로그램을 적용하는 디지털 업무환경에서도 벌어지고 있다. 제품을 구매하는 기업이 CATIA나 PTC Creo Parametric를 사용하면, 그들을 위해 해당 프로그램으로 도면을 그리거나 양식을 바꾸어 정보를 주고받아야 한다. 특히 양식을 바꾸는 과정에서 종종 도면의 형태가 깨지거나 도면에 기입된 데이터의 배치가 변하는 등 별도의 수정 작업을 해야 하는 번거로운 상황이 발생한다. 완전 자동화를 꿈꾸고 이야기하지만, 한편에서는 이런 일들이 일상적으로 발생하는 것이 21세기 소프트웨어기술의 현주소다.

이런 문제들은 기술 자체가 부족해서가 아니다. 기업들이 적극적으로 소프트웨어의 핵심엔진[API]을 공유하고 수정하는 등 통일된 행동을 하지 않는 이유는 소프트웨어를 개발한 기업들 간에 근본적인 이해관계가 저마다 다르기 때문이다. 그러다 보니 자사에 이

---

* 컴퓨터 지원설계(Computer Aided Design). 도면을 그리는 데 사용되는 소프트웨어.

로울지 해로울지, 행여나 치명적인 위협이 발생하지는 않을지 서로가 수판을 두드리게 된다. 결과적으로 대부분의 소프트웨어 기업들은 자신들의 핵심엔진을 반드시 필요한 경우에만 극히 제한적으로, 몇 번의 법률적인 안전장치를 마련한 뒤에야 공개하는 선에서 서로 협력하고 있다. 이와 유사한 일들이 인더스트리4.0의 추진과정에서 생기지 않으리라는 보장은 없다.

예상되는 혁신의 저항 3
―CPS 불확실성

인더스트리4.0을 구현하는 데 가장 중요한 개념 중 하나인 CPS는 꽤 오래 전, 적어도 2006년 무렵부터 기획되었지만 지금까지 개념적 차원에 머물고 있다. 여러 가지 제약들로 인해 현실화하는 데 어려움을 겪고 있기 때문이다. 이런 CPS의 불확실성은 인더스트리4.0의 확산을 지연시키는 저항의 한 요인이 된다.

예를 들어 사물인터넷은 인더스트리4.0을 구현하기에 충분히 발전한 상태인가? 냉정하게 생각해볼 때, 스마트센서의 기술적 발전속도는 생각보다 더디다. 현재 센서기술의 중심에는 광학센서, 접촉센서, 레이저 등과 같은 기술이 있지만, 인더스트리4.0의 구상대로라면 센서 스스로 어떤 판단을 할 수가 있어야 한다. 즉, 센서들이 다른 기기와 연결되기 위한 장치를 스스로 보완하거나 추가할 수 있어야 하고, 판단을 위한 별도의 논리적 사고장치도 필요하다. 수많은 대학에서는 이를 실현시키기 위해 연구를 해오고 있지만, 아직은 연구에 머물러 있는 실정이다. TV에 등장하는 스마트홈 역시 아직까지는 홍보용에 머물고 있어 기술의 발전과 대중화까지는 이루지 못했다. 가정 내의 디지털기기를 연결할 수 있다고 하더라도 제조사가 다른 제품들끼리 정보를 주고받을 수 있는 공통의 프로토콜이 구현되지 않는다면 현실화가 어렵기 때문이다. 또한 혁신 제품들이 효율성과 경제적인 측면에서 소비자가 감당할 수 있는 합리적인 가격대를 형성하기가 어려운 측면도 있다.

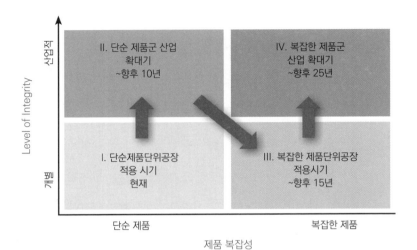

II. 단순 제품군 산업
확대기
~향후 10년

IV. 복잡한 제품군
산업 확대기
~향후 25년

I. 단순제품단위공장
적용 시기
현재

III. 복잡한 제품단위공장
적용시기
~향후 15년

단순 제품

복잡한 제품

제품 복잡성

그림 11 인더스트리4.0의 확산 예측 시나리오

예상되는 혁신의 저항 4

— 보안 그리고 지적재산권 보호의 문제

여기 스마트홈이 구현된 세계가 있다. 정보를 입수하고 통제하는 스마트센서에 의한 생활은 더없이 우리를 편하게 할 것이다. 그런데 이런 통합된 정보가 의도치 않게 다른 사람이나 집단의 손에 넘어간다면 어떻게 될까? 지금도 충분히 중요한 문제이기는 하지만 인더스트리4.0의 시대에서 한층 더 복합적으로 진화할 난제가 바로 보안과 지적재산권 보호다.

인간은 인터넷과 디지털기기를 활용하게 되면서 바이러스, 스미싱, 해킹 등 이전까지 문제가 되지 않았던 수많은 이슈에 골머리를 썩고 있다. 향후 보안과 지적재산권, 개인 정보 유출에 대한 불안은 점점 더 가속화될 것이고, 그에 따라 사회적으로 이익을 얻는 집단과 그렇지 못한 집단이 생길 것이다. 이런 문제를 해결하기 위해서는 이해당사자 간에 긴밀한 협조와 조정이 필요하다. 이는 제4차 산업혁명이 가지는 주요한 특징이기도 하다. 근대 산업혁명에서 빼어난 개인이나 집단의 선전이 두드러졌다면, 제4차 산업혁명은 전 지구적인 관점에서 '우리'를 중심으로 풀어가야 할 사안들이 많다. 그림11은 인더스트리4.0의 단계적 발전 및 적용 양상을 예측한 것이다. 이에 따르면 인더스트리4.0은 철강·화학·장치 산업 및 단순한 유니트 등 단순한 제품군 또는 독립적인 제품군의 생산부터 적용될 것이다. 이러한 활동은 대략 2020년 정도까지 이어질 것이고, 제품들이 거둔 산업적 효과에 따라 공급사슬에 얽힌 산업군(Ⅱ)으로, 이어서 점차 복잡한 제품군을 만든 기업(Ⅲ)으로 확산될 것이다. 그리고 마침내 산업 전반 또는 공급사슬 전체(IV)로 확대될 수 있을 것이다.

인더스트리4.0은 독일이 주도하는 산업혁신운동이자, 시장의 판도를 뒤바꿀 수 있는 시도다. 세계는 지금 독일의 인더스트리4.0을 눈여겨보고 있다. 한국도 예외는 아니다. 이어지는 2장에서는 현재 우리가 서 있는 위치는 어디쯤인지, 앞으로 어떤 비전과 전략을 수행해나가야 하는지 살펴보기로 한다.

제2장

한 박자 늦은
대한민국

1

대한민국의 현주소

2015년 현재, 한 목소리로 제조업 분야의 경쟁력 강화를 외치는 나라들이 있다. 강대국인 미국, 일본, 중국 그리고 독일이 대표적이다. 제조업과는 점점 멀어지는 것 같던 미국은 오바마 대통령 취임 이후 다시금 제조업에 각별한 관심을 기울이고 있다. 인더스트리4.0의 기반이 될 CPS 연구가 현재 미국에서 활발하게 이루어지고 있다는 사실은 무엇을 뜻하는 것일까. 분명 세계는 조금씩 변화의 조짐을 보이고 있다. 그렇다면 한국은 이러한 변화의 움직임에 어떤 식으로 대처해야 할까?

희미해진 아메리칸드림, 잃어버린 20년

100년 전 사람이 지금의 한국을 본다면 자기 눈을 믿지 못할 것이다. 1945년 해방을 맞이한 기쁨도 잠시, 5년 만에 발발한 전쟁으로 전 국토가 황폐화된 이후, 놀라운 '한강의 기적'을 일구어낸 나라. 그 과정에서 미국은 언제나 잘 사는 나라로 동경의 대상이었고, 미국 제품이라면 옷, 가방 심지어 껌까지도 부러움의 대상이 되었다. 전 세계적인 경향이기도 했지만, 한국인들은 특히 오랫동안 '아메리칸드림'을 꿈꾸었다. 정치·경제·사회·문화 등 모든 면에서 미국은 벤치마킹의 대상이었다.

당시 미국 디트로이트^{Detroit} 시에는 굵직한 자동차기업 세 곳이 포진해 있었다. 그러나 영원할 것만 같던 이들의 위상은 2000년대 들어서 이상신호가 감지되었고, 불과 10년 사이 완전히 뒤바뀌었다. 크라이슬러가 먼저 흔들렸다. 뒤이어 제너럴모터스^{General Motors}와 포드가 불안한 모습을 보이더니 결국 GM이 먼저 파산했다. 포드 역시 파산은 넘겼지만 간신히 최악의 상황을 넘긴 수준이었다. GM은 벼랑 끝에서 'New GM'으로 기업을 개편하고 나서야 간신히 회생할 수 있었다. 모두 2010년을 전후로 벌어진 일들이다.

위와 같은 일들이 일어난 시점을 전후해 한국의 언론들은 미국 대신 일본에 더 많은 관심을 기울이기 시작했다. 경영이나 정치 분야에서 미국은 여전히 건재했지만 적어도 제조업 분야에서만큼은 일본에 주도권을 빼앗긴 것이다. '잃어버린 20년' 이전인 1980년대부터 세계경제를 주도하던 일본은 한국과 밀접한 관계를 맺고 있었지만, 미국의 하락세 이후 관심은 더욱 집중되었다. 한국 기업과 언론들은 너도나도 '도요타Toyota자동차'의 흥행에 주목했다. 도요타 생산방식, 도요타웨이Toyota Way, 심지어 도요타 인사방식 등 도요타라는 이름이 들어가는 모든 것이 한국에서 인기를 얻었다. 소니Sony, 마쓰시타, 닛산까지 그 뒤를 이었다. 한국 기업들에게 일본 기업의 방식은 좋은 관심거리이자 도전과제가 되었다. 일본을 왕래하는 사람이 많아지고, 거리 곳곳에 일본식 음식점이 생겨나기 시작했다. 부산에서는 위성안테나까지 설치해 일본의 방송을 보고 패션을 따라하는 사람들이 생겨났다. 하지만 일본 역시 이러한 관심을 계속 유지하지는 못했다.

가장 상징적인 사건은 2011년의 어느 날 일어났다. 해마다 미국 라스베이거스에서 열리는 국제전자제품박람회CES(The International Consumer Electronics Show)에서 삼성그룹 이건희 회장이 다음과 같이 말한 것이다.

"일본은 너무 앞선 나라였기 때문에 지금은 힘이 좀 빠져 버린 것 같고, 중국은 젊은 나라이고 열심히 따라오고 있지만 아직은 한국을 쫓아오기에는 시간이 좀 걸리겠다."

이 말 한 마디에 온 일본이 들끓었다. 삼성, 현대 등 한국기업의 약진으로 은근히 속을 끓이던 상황에서 나온 발언이었기 때문이다. 일본의 요소기술이나 장비들의 뒷받침이 없다면 한국이 지금처럼 잘나갈 것 같으냐는 비아냥거림도 있었지만, 국내 언론들은 이들의 반응에 별다른 관심을 기울이지 않았다. 일본은 어느새 '잃어버린 20년'을 맞게 되었다. 아베 신조 현 총리와 같은 극우정치인들의 발언만 아니면 언론에서 일본 관련 소식을 듣기도 힘든 지경에 이르렀다. 그 대신 재미있는 현상이 발생했다. 독일이라는 이름이 다시 급속도로 부각되기 시작한 것이다. 마치 이전까지의 미국과 일본처럼, 한국 언론의 관심과 사랑을 듬뿍 받을 채비를 하고 있는 것 같다.

독일의 부상浮上과 한국의 현실

2008년 리먼브라더스Lehman Brothers사태는 미국 경제뿐만 아니라 전 세계를 위기로 몰아넣었다. 급한 불이 진화되어갈 무렵, 이번에는 유럽에서 또 다른 불씨가 점화되었다. 2010년 그리스에서 시작된 재정위기가 유럽연합EU으로 번져나간 것이다. 특히 포르투갈, 이탈리아, 스페인 등 주로 남부에 위치한 국가들에 비상이 걸렸다. 이들에게는 유럽의 돼지들PIGS*이라는 오명이 씌워졌다. 간신히 파국은 면했지만 유럽발 위기는 현재까지도 영국과 아일랜드, 그리고 전 세계로 퍼져나가 영향을 끼치고 있다.

그런데 이런 위기 속에서도 여전히 건재함을 과시하는 곳이 있었으니, 독일과 프랑스가 바로 그들이다. 심지어 이들은 재정위기에 빠진 나라들을 돕기까지 한다. 특히 독일은 막대한 액수의 자금을 지원하며 유럽연합을 이끌고 있다. 근대사에서 두 차례나 세계대전을 일으켰다가 패망한 나라, 불과 30여 년 전까지 동서로 나뉘었던 나라. 그런 독일이 어떻게 이런 힘을 키워올 수 있었을까?

* 심각한 재정적자를 겪고 있는 다음 네 나라를 일컫는 용어. 포르투갈(Portugal), 이탈리아(Italy), 그리스(Greece), 스페인(Spain).

언제부터였는지 모르지만 한국 언론은 현재 독일의 모든 것에 주목하고 있다. 독일의 교육체계, 에너지정책, 은퇴 프로그램…….

신기한 것은 독일이 다른 국가들처럼 부존자원을 많이 가진 것도 아닌데다가, 빠르게 고령화사회로 진입하고 있는 나라라는 점이다. 이러한 약점에도 불구하고 높은 임금과 구매력을 바탕으로 미국이나 일본을 넘어서는 양질의 산업환경, 특히 독보적인 제조업 환경을 보유하고 있다.

반면 한국은 아직도 십수 년 전 미국의 제조업 경시풍조에 영향을 받고 있는 듯하다. 지난 2000년 이후, 금융 및 IT와 같은 신사업에만 몰두하면서, 마치 이러한 트렌드에 올라타지 않으면 미래가 없다는 식의 분위기가 제조업 발전을 억눌렀던 탓도 있다. 『보이지 않는 대륙』으로 널리 알려진 일본의 오마에 겐이치는 2004년 방한 당시 한국 경제에 10년간의 긴 구조조정이 필요하다고 역설했다. 지금은 수출에서의 호조로 잘 버티고 있는 것처럼 보이지만, 근본적으로 경제를 뿌리에서부터 뒷받침할 핵심역량이 부족하다는 것이다. 그는 단순히 중국의 싼 인건비를 통해 경쟁력을 유지해보려는 한국 기업들의 방식에 큰 우려를 표명했다. 또한 송경헌은 2003년 『한국, 장기불황 온다』라는 책에서 한국이 달러화 약세에 따른 수출 저하로, 향후 경제가 2~3%대의 저성장으로 빠져들면서 갖가지 구조적 문제가 심화되는 우울한 앞날에 놓일 것을 예고했다. 그리고 실제 10여 년이 지난 지금, 한국 경제는 그가 그렸던 모습과 크게 다르지 않은 것 같다. 물론 지금까지는 그나마 잘 버티어 왔다고도 볼 수도 있지만, 문제는 지금부터다. 매출이 1조 이상인 '1조 클럽'에 속하는 기업의 23%가 이자도 제대로 못 갚는 것이 현실이다. 10년 전, 한국은 일본을 타산지석으로 삼으려 했지만 경제와 산업의 뿌리를 튼튼히 하는 데 실패했다. 더 늦지 않게 지금이라도 국내경제의 튼튼한 뿌리가 되어줄 제조업의 부활에 몰두해야만 한다.

한국의 제조업 환경은 절대 녹록하지 않은 상황이다. 인건비 상승률을 따라잡지 못하는 낮은 생산성, 점차 가열되는 국가 간의 경쟁, 특히 중국의 급부상은 이제 결코 무시할 수 없을 정도의 거센 압박으로 다가오고 있다. 이전까지는 중국과 기술격차가 상당했기 때문에 인건비 격차는 큰 문제가 되지 않았다. 그런데 중국의 제조업 분야 기술력이 한국의 어깨를 넘어선 지금, 중국이 보유한 낮은 인건비는 중국 기업들에게 날개를 달아주는 격이 되었다. 한국의 제조업 경쟁력이 이를 극복할 수 있을지 현재로서는 비관적이다. 이미 많은 분야에서 한국이 주력으로 내세웠던 산업들의 뿌리가 흔들리고 있지 않은가? 예를 들면, 중국이 처음 부상할 때만 해도 우리가 콧방귀조차 뀌지 않던 조선업은 이제 완전히 덜미를 붙잡혔다. 불과 7~8년 사이의 일이다. 한국을 대표하는 기업인 삼성전자와 현대자동차가 마주한 현실 역시 더 이상 호락호락하지 않다.

문제는 인건비와 생산성이다. 이 때문에 한국의 제조업 회사들은 낮은 인건비를 제공하는 중국 및 동남아시아로 앞 다투어 빠져나가고 있다. 그러나 국내경제에 미칠 막대한 손실은 일단 차치하고서라도, 그 다음은? 한 마디로 현재 한국의 제조업은 앞이 안 보이는 시계제로 상태에 빠져있다.

2
경쟁국 동향

1) 무시할 수 없는 일본

잃어버린 20년?

한국은 일본을 반면교사로 삼아야 할까? 물론 지난 20년간 일본의 몇몇 기업들이 좌표를 잃고 쓰러진 것은 사실이다. 아마 지금도 산요Sanyo의 소형 카세트를 기억하는 사람들이 꽤 있을 것이다. 그런 산요가 최근 창업 65년 만에 역사 속으로 완전히 사라졌다. 가전제품은 물론 배터리 시장에서 강자로 군림하던 산요는 경영난으로 인해 2009년 파나소닉Panasonic에 인수되었다. 그러나 이후에도 수익성은 지속적으로 악화됐고, 2011년에는 가전제품 부문을 중국 하이얼海尔 사에 넘기는 등 정리 수순을 밟다가, 마침내 올해 파나소닉 내에 마지막으로 남은 사업체였던 산요테크노솔루션 돗토리가 매각되면서 완전히 사라지게 된 것이다. 일본의 대표적인 대기업 소니 역시 PC사업을 정리하는 등 지속적인 적자에 시달리고 있다. 전자산업 분야의 리더였던 샤프Sharp나 파나소닉 역시 액정패널사업을 점차 축소하거나, 다른 기업에 매각하고 있다. 한때 세계를 주름잡던 대기업들이 지속적인 경쟁력 하락을 겪고 있는 것이다.

그러나 이런 어려움에도 불구하고, 여전히 일본의 제조기업에는 한국 기업이 가지지 못한 강점이 존재한다. 필자에게는 수십 년 전 일본 기업으로부터 받은 작은 다이어리노트가 있다. 1980~1990년대 다이어리로 사용되던 손바닥 크기 정도의 노트다. 그런데 20여 년이 넘은 지금, 일본 기업에게 받았던 다이어리와 비슷한 시기 한국 기업에게 받았던 다이어리를 비교해보면 상태가 사뭇 다르다. 일본 것은 종이 질이 여전히 매끄럽고 탄탄한 반면, 한국 것은 종이에 주름이 생기고 곰팡이도 군데군데 핀 것이다. 겉모습은 비슷한 제품이지만, 내구성 같은 품질 면에서 확연한 차이

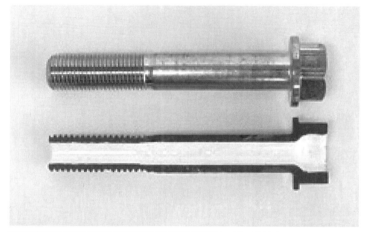

201g ⇒ 131g (△38%)

206g ⇒ ... (... %)

11g ⇒ 5g (△55%)

Seat mechanisms
自動車用シート機構

16g ⇒ 9g (△44%)

그림 12 일본 뿌리 기업의 제품 사례
위: 볼트 안에 구멍을 뚫어 무게를 줄인 볼트
아래: 무게를 절감한 자동차시트의 부품들

가 있는 것이다.

이처럼 경쟁력 있는 기술력을 갖춘 강소기업들이 요소기술 및 뿌리기술 분야에 숱하게 존재한다. 이들이 그동안 쌓아놓은 경쟁력은 결코 과소평가할 수 없다. 어떤 기업은 불과 10여 명 내외의 노동자만으로 해당 분야에서 세계 최고의 경쟁력을 유지하고 있다. 일본 경제가 10년을 잃었든, 20년을 잃었든 여전히 제조업에서만큼은 무시할 수 없는 강자다.

일본 도쿄빅사이트Tokyo Big Sight*에서 열리는 전시에 다녀온 적이 있다. 재료, 기계요소, 전자부품, 자동화설비, 그리고 새로운 제조공법 등 여러 분야에서 일본의 강소기업들은 강렬한 인상을 주었다. 어떤 기업은 가업처럼 대대로 이어가며 기술력과 지식이 끊어지지 않게 유지하고 발전시켜나가고 있었다. 이런 전시회를 돌아볼 때마다 일본 기업들의 끊임없는 노력과 기술 수준에 혀를 내두르지 않을 수 없다. 그들은 장인에 가까운 노력을 기울인 끝에 볼트 하나에도 그 안에 구멍을 뚫어 수 그램의 무게를 줄인다. 이들이 만든 부품을 공급받는 기업들의 경쟁력이 올라가는 것은 당연하다.

* 도쿄국제전시장. 오다이바에 위치해 있다. 도쿄만 일대의 대표적 건축물로, 다양한 전시가 개최되는 곳이다.

일본 제조기업의 저력

자동차의 연비 경쟁은 이미 세계적인 추세로서, 수 그램에 불과한 무게라도 줄이려는 노력이 가장 절실한 분야다. 누구나 경험하는 일이겠지만, 자동차를 새로 구입하는 사람들은 구매를 결정하기 전에 공식 연비를 꼼꼼하게 따지기 마련이다. 이미 독일 폭스바겐에서는 휘발유 1리터로 100킬로미터를 달릴 수 있는 자동차를 만들어 상용화 단계에 있다. 여기서 정말 중요한 것은 이와 같은 요소기업들의 기여와 노력이다. 긴 침체 속에서도 일본의 제조업 기반이 비교적 건재한 것은 요소기술 분야에서 세계 최고수준을 유지하고 발전시킨 수많은 기업들의 공이 있었기 때문이다.

또한 일본에는 금속이나 신재료와 같은 원재료 분야에서도 독보적인 제조기업들이 꽤 많이 있다. 미래의 재료로 불리는 복합재나 엔지니어링플라스틱-탄소섬유강화플라스틱[CFRP] 분야에서 일찌감치 선두를 달리는 기업 중에는 일본 기업이 많다. 이와 같은 신소재를 응용한 제조기술 역시 다각적으로 발전하고 있다. 물론 신기술이 있다고 해도 실제로 제품에 적용되기까지 기업별 국가별 '시차'가 존재하는 것은 사실이지만, 지금과 같은 상황을 미루어봤을 때 당연히 일본에서 가장 연비가 뛰어난 자동차가 출시될 확률이 높다. 이런 현상이 단순히 자동차산업에만 해당되는 문제는 아닐 것이다.

일본에서는 신재료 외에도 전통적인 금속분야에서 그동안 비용이 높아 잘 쓰이지 않던 알루미늄이나 마그네슘과 같은 금속도 점차 대중화할 수 있는 길이 열리고 있다. 포스코POSCO와 같은 한국 기업들도 심혈을 쏟고 있지만, 산업환경의 영향으로 재료의 기반 자체는 일본이 우리보다 한 수 위다. 그리고 치열한 경쟁이 치러지는 세계무대에서는 이 작은 차이가 결과에서의 엄청난 격차를 가져온다.

기계제조 분야에서도 일본은 상당한 우위를 점하고 있다. 제품을 찍어내는 것과 관련된 금형 분야의 경쟁력 역시 세계 최고 수준을 유지하고 있다. 또한 3D프린터 관련설비인 하이브리드 3D프린트 제조기술 분야에서도 선두를 달리고 있다. 한국의 기업들이 언론의 스포트라이트를 받는 데 정신이 팔린 사이, 이들은 소리 소문 없이 내실을 다지며 제조업의 실질적인 근간을 뒤바꿀 기술들을 개발하는 데 주력하고 있다. 예컨대 한국의 어느 기업은 지금 당장 금속을 재료로 한 금형을 3D프린터로 제조하는 것이 가능하다고 선전한다. 하지만 현실적으로 그런 작업은 비용이 너무 비싸고 효과를 장담하기 어려워 현실화시키지 못한다. 반면 일본의 기업은 생산성이 떨어지는 기술을 선전하는 대신, 금형을 보다 경제적인 방법으로 제대로 만들 수 있는 응용기술을 하이브리드기술로 발전시켜 시장에 선을 보이고 있다. 이런 기술이야말로 제조업 기반 자체를 통째로 바꿀 수도 있을 획기적인 기술이다. 한국의 기업들이 두각을 나타내고 있는 NC공작기계 분야 역시 일본에 기술적으로 앞선다고 쉽게 말할 수 없을 것이다.

최근 일본은 아베 정권이 들어선 이래 우경화에 더욱 박차를 가하고 있다. '잃어버린 20년'을 단숨에 만회하겠다는 정치적 야심과 '아베노믹스'로 대표되는 인위적인 경기부양책의 부정적인 면에 대해 세계가 우려의 눈빛을 보내고 있다. 그러나 아무리 괘씸하고 마음에 안 드는 점이 많다고 해도, 냉정하게 볼 것은 봐야 한다. 지금까지 살펴본 것처럼 강력한 기술력을 근간으로 한 일본 제조업의 경쟁력은 여전히 빼어나다. 한국 제조업이 부흥하기 위해서는 이러한 일본의 위협을 직시하고 결코 만만하게 생각해서는 안 될 것이다.

2) 거인 미국

미국 제조업의 몰락

20세기 이후 세계 최강대국의 자리는 늘 미국의 것이었지만, 그런 미국 경제를 오랫동안 뒷받침해주던 제조업이 요즘은 힘을 잃은 것처럼 보인다. 최근 기사에 따르면 발명왕 에디슨의 후예로 미국의 자존심으로 불리던 제너럴일렉트릭 사가 가전제품 부문을 시장에 내놓았다. 지난 몇 십 년간 미국에서는 제조업이 푸대접을 받는 천덕꾸러기로 전락했다. 단적으로 말해 '월스트리트'의 금융기업은 미국인들에게 성공의 상징이었지만, 제조기업은 아니었다. 지난 10여 년 사이 이런 분위기는 극에 달했다. 오랫동안 미국의 대표적인 서비스업으로서 금융업은 미국 경제의 중심에 있었고, 리먼 브라더스 사태가 발생한 이후에도—비록 그들에 대한 시선에 좀 더 냉소가 실리긴 했지만—거의 달라지지 않았다. 이런 사회적 분위기로 인해 제조업 분야는 엘리트층 이탈 등 문제가 가속화되었고 제조업은 점점 더 쇠퇴하기 시작했다.

최근 오바마 미 대통령은 상황을 타개하고자 연신 제조업을 중시하는 발언을 쏟아내고 있다. 제조업의 부활은 장기적으로 볼 때

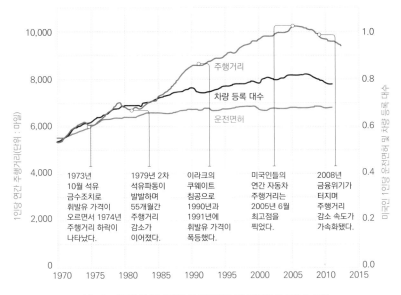

그림 13 미국인의 평균 자동차 주행거리 및 자동차 등록대수 동향
출처 : 『 Popular Science』 2014 8월호

미국의 경쟁력 회복을 위해 좋은 일이다. 예컨대 3D프린팅기술을 핵심기술로 지목하고 이를 통해 미국 제조업의 비전을 모색하려는 시도 등은 매우 바람직해 보인다. 문제는 한번 내리막을 걷기 시작한 제조업을 다시 살리는 일이 쉽지 않을 것이라는 점과, 오바마의 발언이 일반 제조현장에서는 먼 나라의 이야기처럼 들린다는 것이다.

불행 중 다행으로 첨단산업 분야에서는 여전히 혁신활동이 이어지고 있으며, 그나마 이들이 미국 경제를 떠받치고 있다. 브루킹스Brookings연구소에 따르면 과학·기술·공학·수학을 의미하는 STEM 분야의 연구중심산업을 선진산업이라고 부르는데, 근래 이런 선진산업들이 일자리를 창출해 미국의 경제회복에 기여한 것을 알 수 있다. 하지만 자동차산업을 비롯한 전통적인 일반 제조업의 경쟁력은 자동차의 주행거리나 자동차의 등록대수 등만 보아도 점점 더 쇠락하는 것을 알 수 있다. 유럽의 자동차 브랜드에 비해 미국자동차 브랜드도 여전히 열세를 벗어나지 못하고 있지 않은가.

미국 제조업의 상징이자, 자동차 도시였던 디트로이트는 2013년 12월 파산을 선언했다. 필자는 지난 15년간 매년 2~3회씩 이 도시를 직접 눈으로 확인하고 살펴보고 있는데, 좀처럼 상태가 나아지는 게 없다. 역사상 가장 찬란했던 제조업의 중심지 디트로이트에는 이제 예전과 같은 활기가 없다. 이곳은 미국 제조업이 마주한 현실의 축소판이기도 하다.

이러한 사회적 분위기는 교육에도 영향을 미쳤다. 학생들은 점차 수학이나 과학처럼 공부하기 어려운 과목은 기피한 채, 인문학과 사회과학 쪽으로 몰렸다. 물론 컴퓨터공학처럼 예외적인 부분도 있지만, 그것은 실리콘밸리의 영향으로 보인다. 대통령까지 나서서 수학, 과학, 제조업의 중요성을 역설하고 있지만, 사회적 분위기를 바꾸기는 쉽지 않아 보인다.

지난 수십 년간 미국의 제조기업 경영자들은 인건비가 싼 나라로 진출하는 오프쇼어Offshore 및 아웃소싱Outsourcing 전략에만 초점을 맞추었다. 주주들을 만족시키고 기업의 단기이익을 최대화하기 위한 전략이었지만, 그 결과 미국의 자산이었던 고급기술자와 지식노동자들은 하나둘 기업을 떠나고 말았다. 게다가 경영진과 주주들은 이익이 충분히 남지 않을 경우 주저없이 회사를 팔아치우거나 인력을 해고하는 등의 방법으로 단기적 성과를 높여왔다. 겉으로 봤을 때만 기업의 경쟁력이 유지되는 것처럼 보이게 만들었던 것이다. 그 결과 제조업 경쟁력의 근원인 기술력과 경험을 축적하는 데는 실패하게 되었다. 오늘날 기술력과 경험이 필요한 자리는 한국이나 중국, 인도 인력이 일부 메우고 있지만 정작 미국에서 자라고 공부한 내부 인적자원 중에는 제조업의 지식과 경험을 전수받을 사람이 많지 않다. 미국은 전후 일본의 경제를 재건한 에드워즈 데밍Edwards Deming이나 조셉 주란Joseph Moses Juran이 떠난 빈자리를 채우기는커녕, 일본에서 자신들의 선조가 남긴 기술의 잔재를 확인해야 하는 처지에 놓인 것이다.

지난 십여 년간 미국 제조업의 자존심이었던 자동차기업 빅3
는 하락세였다. GM은 파산했고 정부의 지원 끝에 간신히 회생할
수 있었다. 크라이슬러는 이탈리아의 피아트에 매각되었다. 이것은
미국 제조업 몰락의 가장 상징적인 사건 중 하나다. 그렇다면 이러
한 몰락의 근본적인 원인은 무엇인가? 바로 제조업의 중요성과 가
치를 제대로 평가하지 못했기 때문이다.

재건의 가능성

연일 하향세를 겪던 미국 제조업 분야에 최근 중대한 변화의
시도가 있었다. 그중 하나가 '아메리카의 재건Remaking America'이라는
표어로 상징되는 정부의 제조업 부흥 정책이다. 2009년 오바마 정
부에 의해 시행된 이 정책은 구글 글라스, 애플 맥북 등 첨단제품
들의 생산시설을 미국에 두도록 하는 한편, 장기적으로 '리쇼어링
reshoring*'이 더욱 가속화될 수 있도록 했다. GE는 냉장고와 온수기
생산라인을 중국에서 켄터키Kentucky 주로 이전시켰고, 이밖에 150

---

* 해외로 옮겨갔던 공장 등 생산시설을 다시 자국 내로 불러들이는 것.

그림 14 테슬라의 전기자동차는 2014년에 17,000대 이상이나 판매가 되었다.

개가 넘는 제조기업들이 해외에서 미국 본토로 생산기지를 다시 옮겨왔다. 이러한 정책은 다른 나라의 글로벌 제조기업까지 미국으로 공장을 이전할 정도로 매력이 있는 것이었다. 세계 최대의 소비 시장이던 미국이 이제는 세계 최대의 공장 지위까지 되찾으려 한다는 다소 현란한 수식어까지 등장하기 시작했다. 이런 현상이 지속된다면 우리는 다시 '미제 물건'을 자주 보게 될지도 모른다.

이밖에도 미국 제조업의 부진에도 불구하고 결코 간과해서는 안 될 요소가 있다. 바로 미국의 창의력이다. 미국은 현재 세계 3위의 인구를 보유하고 있고, 미국 내 대학과 연구소에서는 막강한 자본력을 바탕으로 전 세계적으로 유능한 인재들을 불러 모으고 있다. 또한 마이크로소프트의 빌 게이츠Bill Gates나 애플의 스티브 잡스Steve Jobs, 그리고 전기자동차 분야에서 확고히 자리 잡은 테슬라Tesla 사와 같은 사례를 보아도 알 수 있듯이 언제든 유능한 인재들이 창의적인 아이디어만으로 세계적인 대기업을 만들어 낼 수 있는 저력을 가지고 있다. 미국이 여전히 창의력이 인정받는 사회이며, 그에 대한 투자와 사회적 뒷받침이 가능한 사회라는 것은 분명하다.

3) 새로운 세계의 중심, 중국

세계의 공장에서 세계의 시장으로

일본이나 미국과 달리, 중국의 활동은 조금 다른 궤적을 그려왔다. 경제 부문에서의 개혁개방 정책이 추진된 이래, 중국은 발 빠르게 세계의 공장으로 변신하면서 전 세계의 자본과 기술을 자국 내로 끌어 모을 수 있었다. 그 결과 중국은 단기간에 제조업 분야에서 상당한 수준의 경쟁력을 확보할 수 있었고, 스스로 시장을 형성할 수 있을 만큼의 자본도 축적하게 되었다. 세계 1위의 인구수를 감안할 때, 중국은 내수시장만으로 우리가 상상하는 수준의 경제 규모를 월등히 뛰어넘고 있다. 지금까지 전 세계 기업들이 중국으로 몰려들었던 동기는 이처럼 거대한 시장 규모와 값싼 인건비 등의 제조경쟁력에 있었다. 앞으로도 중국은 세계 최대의 제조공장인 동시에 시장으로서 완벽한 여건을 갖춘 국가로서 매력을 뽐낼 것이다.

현재 중국이 변화 속에 놓여 있다는 것은 요우커遊客, 즉 중국인 관광객의 급증 현상을 통해 알 수 있다. 이제 우리는 전 세계 어디에서도 중국인 관광객을 볼 수 있으며, 그들은 또한 쇼핑의 큰

그림 15 중국 가전 회사에서 외국 전문가를 초청하여 설계 혁신 세미나를 청취하는 모습

손이기도 하다. 이제 중국은 물건을 많이 만들어서 팔기만 하는 것이 아니라, 그만큼 물건을 사가기도 한다. 이러한 풍경을 가능하게한 인건비의 상승은, 지금까지 저렴한 인건비에 주로 의지했던 중국 제조업의 양태를 변모시켰다. 현재 한국의 20% 수준인 중국에서조차, 이제 더욱 싼 인건비를 동원할 수 있는 국가로 오프쇼어 전략이 가동되기 시작한 것이다. 한국의 입장에서 볼 때 조금 우스운 이야기일 수도 있지만, 중국에서는 벌써 인건비를 절감하기 위

해 베트남으로 진출하겠다고 엄살을 떠는 기업인들도 나타나고 있다.

중국에서는 연간 약 2,000만 대의 차량이 만들어진다고 한다. 그리고 그 물량을 대부분 스스로 소화한다. 스스로 제조하고 소비한다는 측면에서 중국은 미국의 시장규모를 이미 뛰어넘었다. 이 정도 되는 시장을 두고 자본과 기술을 투입하지 않을 기업이 있다면 오히려 이상할 것이다. 이제 중국 제조업은 단순히 수주를 받아 물건을 만드는 것에서 직접 물건을 설계하는 쪽으로 그 역량을 옮기고 있다. 게다가 발전속도 역시 매우 빠르다. 이는 정부 차원에서 수학과 과학을 중시하는 정책과 사회적 분위기, 그리고 그 속에서 성장한 두터운 엘리트층 때문이다. 이들은 매우 부지런한데다가 총명하고 배우는 데도 열심이다. 정치적으로 사회주의체제를 유지하고 있다지만, 젊은 엘리트층의 머리에는 자본주의사상이 깊이 뿌리내려, 더 나은 대우를 받기 위해 스스로 끊임없는 노력을 하는 자세를 갖추고 있다. 마치 우리나라의 베이비부머 세대처럼 말이다.

중국은 2011년 발표된 제12차 5개년 계획 기간 내에 사물인터넷센터 건립 및 CPS 연구를 포함하는 기민한 모습을 보이고 있다. 전통적인 산업에서 경쟁력을 끌어올리는 동시에, 다른 한 축에서는 미래지향적인 혁신활동을 추진하고 있는 것이다. 물론 혁신과정에는 여러 가지 한계와 저항, 과제 들이 산재하겠지만, 장기적인 관점에서나 역사적·지리적 관점에서 볼 때 중국은 우리가 가장 두려워해야 할 존재가 아닐 수 없다.

4) 탄탄한 어깨를 가진 독일

200년 전통의 우스토프 사가 가진 경쟁력의 비밀

독일에는 무려 1,300여 개가 넘는 히든챔피언 기업들이 제조업의 기반을 든든하게 받치고 있다. 비결은 무엇일까? 주방용 칼을 만드는 기업 우스토프Wusthof 사의 공장 모습은 독일 제조업의 현주소를 보여준다. 이들은 졸링겐Solingen에서 무려 7대째 칼을 만들고 있는 전형적인 가족기업이다. 흔히 가족기업이라고 하면 구성원들 사이의 강한 유대감을 장점으로 꼽을 것이다. 또는 창업자로부터 이어져오는 은밀하고 특별한 비법을 전통적인 방식으로 유지할 것이라는 생각을 할 수도 있다. 그런데 200년이 넘게 이어져온 우스

그림 16 우스토프 사의 칼 제조공정에 사용되고 있는 로봇
출처 : Wusthof

토프는 이런 우리의 상상을 뒤엎는다. 이곳은 최첨단 기계·로봇들로 주요 생산라인이 구축되어 있으며, 기술력을 갖춘 장인들이 세밀하고 전문적인 영역만을 수작업으로 마무리하고 있다. 칼의 재료인 금속을 처리하고 가공하는 법, 세계 최고 수준의 칼을 만들기 위한 자동화된 공정, 그리고 장인들의 오랜 지식과 경험은 누구도 쉽게 따라할 수 없는 요소다. 중국이 아무리 저렴한 인건비를 내세운다고 해도 생산성 측면에서 우스토프의 생산라인을 따라잡을 수는 없을 것이다. 또한 우스토프의 제조공정을 흉내내기 위해 최첨단 설비 구축에 투자한들 금속 열처리 기술, 단조기술, 칼을 연마하는

각도에 따른 지식과 경험, 품질관리 기법 같은 것들을 따라잡는 데에는 상당한 시간이 걸릴 것이다. 바로 이런 점들이 독일의 히든챔피언을 만들어낸 비결이다.

유럽의 제조업은 국가 간에 편차가 상당하다. 프랑스나 스위스, 네덜란드 그리고 북유럽 국가들 역시 제조업에 강한 면모를 가지고 있지만, 그 규모나 기술력 면에서 독일에 미치지 못한다. 상대적으로 낮은 인건비를 가진 이탈리아나 스페인, 그리스 역시 독일과는 경쟁할 엄두조차 내지 못한다.

독일 제조업의 다양한 장점들

독일은 어떻게 이토록 강한 제조업 역량을 키울 수 있었을까? 높은 인건비를 지불하면서도 세계 최고 수준의 제조업 경쟁력을 가지게 된 비결이 무엇일까? 독일 산업은 다양한 장점을 보유하고 있다. 기계와 플랜트 제조에서 시장을 선도하는 리더십 역시 그런 장점 중의 하나다. 또한 독일의 기계-로봇, 산업용기계 요소기술과 플랜트공업은 세계 최고 수준으로, 이미 세계의 공장 곳곳에는 독일제 생산장비나 설비들이 많이 투입되어 있다. IT역량 역시 막강하다. 임베디드시스템으로 대표되는 공장자동화 분야에서 경험과

그림 17 독일 지멘스 Amberg의 디지털자동화 공장—세계에서 가장 자동화가 잘 되었고
높은 품질을 자랑하는 공장으로 평가 받는다.
출처 : Siemens Korea

지식을 갖춘 기업들도 독일에 많이 포진해 있다. 숙련되고 동기화된 노동력, 공급자와 사용자 사이의 긴밀한 협력 역시 높은 수준이며, 인재를 키울 수 있는 교육훈련 프로그램과 시설을 보유한 것도 빼놓을 수 없는 강점이다.

물론 독일의 제조업이 승승장구하기만 했던 것은 아니다. 2000년대 중반부터 한국과 중국 등 떠오르는 후발국가들과 기술적인 측면에서, 값싼 인건비의 측면에서 힘겨운 경쟁을 벌여야 했다. 엎친 데 덮친 격으로 낮은 출산율과 빠른 고령화는 제조업의 경쟁력을 유지하는 데 부담으로 작용하기 시작했다. 미국과 일본이 거친 베이비부머 세대의 대량 은퇴를 독일 역시 피할 수 없었다. 그로 인해 노동자의 수가 감소하면서 전형적인 고령화시대의 늪으로 점점 빠져들게 되었던 것이다. 유럽의 다른 국가들처럼, 독일 역시 처음에는 루마니아, 불가리아, 터키 등 동유럽 이민자들을 활용함으로써 인건비 부담을 낮추는 방법을 사용했다. 그러나 문화적 충돌 등 여러 가지 취약점이 드러나자, 보다 새롭고 근본적인 변화를 모색할 필요성을 느끼게 되었다.

변화를 갈망하는 분위기가 무르익자 마침내 독일은 '하이테크 비전2020'을 추진하게 되었다. 15년 후를 기약하며 시작된 이 프로젝트는 진행 과정에서 한 가지 흥미로운 변화가 생겼다. 2011년 무렵 프로젝트에 인더스트리4.0이라는 새로운 내용을 추가한 것이다. 그리고 시간이 흐를수록 하이테크 비전2020이라는 본래 이름보다 '인더스트리4.0'이라는 이름이 널리 알려지기 시작했다. 그리고 인더스트리4.0은 1장에서 살펴보았듯이 거인처럼 세계를 뒤흔드는 혁신의 상징이 되었다. 거인은 때때로 두려운 존재이기도 하지만 그들의 어깨에 올라탈 수만 있다면 더 넓은 시야를 가지고 세상의 주역으로 활동할 수 있을 것이다. 그렇다면 이제 우리 앞에 남은 문제는 어떻게 거인의 어깨에 올라탈 수 있을지 고민하는 일이다.

제3장

인더스트리4.0 올라타기

1

왜 인간중심 스마트디지털공장 모델인가

1) 한국 기업들이 성취해야 할 7가지

한국은 미국, 일본, 독일 같은 선진국들과 피나는 경쟁을 해야만 하는 운명에 놓여 있다. 중국 역시 빠른 속도로 우리를 추격하고 있다. 산업환경이 급변하는 격동의 시대에 한국의 기업들이 살아남기 위한 과제는 무엇일까?

먼저 제조기업들은 제품의 기획과 설계 단계에서부터 모든 공정에서 발생 가능한 상황들을 시뮬레이션할 수 있어야 한다. 제품을 양산할 때 나타날 수 있는 품질과 안전, 에너지 소비 등에 문제가 없도록 미리 조율하기 위해서다. 이런 시뮬레이션 작업을 위해서는 모든 업무가 3D 기반의 데이터로 가공되어야 하는데, 일단 다행히도 규모가 큰 대부분의 기업들은 3차원 CAD를 설계 기반으로 사용하고 있다. 문제는 공장데이터인데, 앞으로는 이 역시 3D 데이터로 만들려는 노력이 필요할 것이다. 현재 우리가 보유하고 있는 3D 스캐닝 기술과 3차원 CAD 자동화생성 같은 기술에 관심을 기울이고 발전 속도를 높여간다면 현재의 10% 미만으로 비용을 절감할 수 있다고 한다. 사람의 손으로 하나하나 도면을 그려 완성하는 데 드는 비용이 1억 원이라고 가정한다면, 앞으로는 천만 원만 들여도 원하는 3D 데이터를 얻을 수 있다는 이야기다. 먼 미래의 일이 아니다. 국내에서 이미 스캐닝한 데이터를 3차원 CAD 데이터로 바꾸는 기술을 완성한 사례가 있다.

제품을 최종적으로 조립하는 기업과 부품을 비롯한 일부 엔지니어링업무를 담당하는 기업들을 상호 연결하는 시스템 역시 강화될 필요가 있다. 이를 위해 최적의 자동화를 위한 설계Design for Automation가 지속적으로 도입되어야 한다. 향후 제조업 경쟁력의 70~80%가 판가름되는 중요한 부분이 바로 제품을 만드는 기술 자체를 강화하는 것이다. 특히 설계단계에서부터 제품의 복잡성을 관리하는 기법을 적용한다면 제조원가 면에서 이상원가의 수준에 이를 수 있다. 볼트나 너트처럼 복잡한 공법이 필요 없는 제품의 설계가 이런 단순화혁신의 관점에서 추진된다면 더욱 빠르고 정확한 생산이 가능해질 것이다. 제품의 품질 역시 6시그마 이상으로 매우 안정적으로 유지될 것이다. 복잡성이 낮아질수록 품질은 더욱 안정된다.

디지털업무기반에서 엔드 투 엔드 활동을 성취하기 위한 지속적인 노력도 필요하다. 제품을 개발하는 속도가 현재보다 50~90% 이상 빨라지면 신제품이 시장에 출시되는 기간 역시 절반 이하로 줄어들 것이다. 유연생산시스템을 통해 실시간으로 주문·생산이 가능하게 되면 다양한 제품에 대한 수요를 충족시키는 한편, 하루 이상 재고가 쌓이지 않는 공장을 실현할 수도 있게 된다. 제조업 환경을 관리하는 시스템을 구축하는 것 역시 엔드 투 엔드 활동의 일환이다. 제조현장에서 노동자에게 발생할 수 있는 산업재해는 물론이고 공장이 불시에 중단되는 일이 없도록 설비 고장 등 다양한 상황을 예측하고 대비할 수 있어야 한다. 공장에서 소비되는 에너지양은 지금보다 30% 이상 절감될 필요가 있다. 환경문제와 밀접하게 연관되어 있는 만큼, 원가에서 에너지 소비량이 차지하는 비중은 최소한도로 낮아져야 한다. 이상의 과제들을 요약하면 다음과 같다.

- 기획 단계에서부터 시뮬레이션이 가능해야 한다
- 제품을 개발하는 속도가 더 빨라져야 한다
- 공장에는 재고가 없어야 한다
- 다양한 개별적 수요를 만족시킬 수 있어야 한다
- 제조현장에서 재해가 없어져야 한다
- 공장이 예고 없이 중단되는 일이 없어야 한다
- 공장에서 소비되는 에너지양을 줄어야 한다

이와 같은 과제를 성취하면서 린 설계lean design 기법을 통해 제품복잡성을 한층 축소시키면 이상적인 수준의 제조원가를 실현할 수 있을 것이다. 원가를 구성하는 요소 중 재료비는 세계 어느 곳이나 비슷하다. 결국 중요한 것은 인건비와 경비다. 로봇이나 자동화 설비를 더욱 적극적으로 활용하고 에너지 소모비용 등 간접경비가 한계비용 수준으로 유지될 수 있다면 굳이 인건비 절감을 위해 외국으로 공장을 옮길 필요가 없어진다. 최근 일본과 미국이 펼치고 있는 리쇼어링 정책 역시 이러한 흐름과 무관하지 않다.

이러한 제조업 혁신을 위해서는 독일이 그랬던 것처럼 국가적인 차원에서 뚜렷한 목표를 설정하고 참여자들의 공감을 끌어낼 수 있어야 한다. 이를 위해 한국의 현실에 맞는 인더스트리4.0을 위한 보다 실질적인 상을 그려보자.

2) 왜 인간중심 스마트디지털공장인가?

스마트디지털공장으로 어떻게 나아갈 것인가

인더스트리4.0이라는 거인의 어깨에 올라타기 위해서는 먼저 우리 체급에 맞는 활동범위를 전략적으로 설정할 필요가 있다. 그림18 역시 하나의 이정표가 될 수 있을 것이다. 이상을 꿈꾸는 것도 중요하지만 10년 단위로 구체적인 목표와 상을 설정해 이를 현실화해나가는 과정이 더 중요하다. 이 책에서는 한국형 인더스트리4.0의 모델로 '인간중심 스마트디지털공장'을 제시하려고 한다.

인간중심 스마트디지털공장은 모든 공정을 기계에 맡기는 것이 아니라, 여전히 의사결정의 중심에 인간을 둔다. 디지털공정을

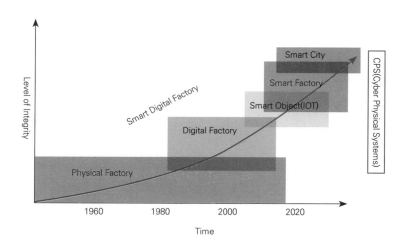

그림 18 스마트디지털공장의 포지션과 CPS를 기반으로 한 인더스트리4.0의 관점의 이해.
가장 중요한 것은 물리적인 공장의 운용기술이다. 그 다음으로 스마트디지털공장을
강화해야 한다.

통한 모든 데이터는 인간이 보다 합리적이고, 착오 없이 의사결정

을 내릴 수 있도록 지원된다. 혹자에게는 이러한 방향 설정이 모든

기계와 설비, 공장과 공장을 연결하고자 하는 인더스트리4.0의 원

대한 구호에 미치지 못하는 것으로 보일 수 있겠지만, 한국의 사회

적 환경과 기업문화를 고려할 때 최선의 방법이라 생각한다. 특히

엔지니어링 단계에서 디지털공장이 충분히 구축되지 않은 한국 제

조업의 현실에서는 완전한 형태의 스마트공장을 논하기는 아직 이

르다. 최근에는 유행처럼 모든 제품이나 시스템에 스마트라는 단어를 붙이는 경향이 있는데, 생산의 전 과정이 지속적인 변화를 이룩하고 실질적인 경쟁력을 갖출 수 있을 때야 '스마트'란 말이 의미가 있다. 실속 없는 말잔치가 국가적인 차원에서 일어난다면 혈세를 낭비하는 것은 물론, 한국의 제조업 및 기타 산업 전반이 엉뚱한 골목에서 헤매게 될 것이다. 디지털공장의 역량부터 제대로 갖추는 것이 진정으로 스마트한 세상에 한 걸음 다가갈 수 있는 길이다.

버튼 하나로 모든 공정이 자동화되는 시스템은 영화처럼 그리 간단하게 이루어지지 않는다. 제품 생산, 설비 운영, 상황에 적합한 논리적 판단 등 수많은 사람들에 의해 수행되던 일들이 모두 프로그래밍되어야 하고, 이것이 완벽에 가깝게 처리되지 않으면 무수히 많은 오류가 발생할 수 있다. 그런데 우리에게는 아직 이런 시스템을 현장에서 완벽하게 구현할 수 있는 기술 자체가 없다. 일부 시스템을 자동화해 겉보기에만 스마트하게 꾸미는 것으로는 세계 수준에서 경쟁할 수 없다. 중요한 것은 제품개발의 전 과정을 합리적으로 구축하고 정립할 수 있는 총체적인 기술력을 갖추는 일이다.

디지털공장과 디지털기술의 역사

디지털공장이란 컴퓨터를 기반으로 해서 만들어진 공장의 업무프로세스를 지원하는 시스템 및 기업전략으로, 제품개발에서부터 양산에 이르는 전 과정의 업무를 지원하는 가상의 공장이다. 규모를 막론하고 모든 공장에서는 제품을 생산하기 이전에 사전검증이 필수적이다. 동일한 설계도를 가지고도 어떤 순서와 방법으로 진행하느냐에 따라 생산성과 원가, 품질 등이 달라지기 때문이다. 소규모 기업이라면 현장으로 직접 달려가 검증해볼 수 있겠지만, 여러 개의 생산라인을 갖춘 대기업의 경우 변수가 생기기 때문에 검증 과정이 좀 더 복잡해진다. 디지털공장의 역할은 바로 이런 제품의 사전검증 과정을 좀 더 쉽고 정확하게 하는 것이다. 디지털공장의 사전검증은 디지털제조Digital Manufacturing 기술을 통해 이루어진다. 이는 조립, 로봇 동작, 자동화프로그래밍 등을 검증하고 작업자의 동작, 시간, 물류의 흐름 등을 해석하고 분석하고 처리하는 복합적인 기술이다. 디지털제조 기술을 구현하기 위해서는 시뮬레이션이 가능한 프론트로딩Front Loading 혁신, 디지털 협업, 디지털 모니터링을 할 수 있는 시스템이 요구된다. 과거에는 디지털공장과 같은 솔루션이 투자대비 효용성이 떨어지거나 현장에 적용하기에 어려운 점도 있었지만, 이제는 보다 적극성을 띄어야 할 때다. 이런 시스템을 기반으로 갖춘 뒤에야 다음 단계인 스마트공장의 구현이 가능해지기 때문이다. 디지털기술의 역사를 살펴보면 디지털공장의 실현이 그렇게 멀지 않다는 것을 알 수 있다.

디지털기술은 대략 1995년부터 본격적으로 개발되어 2005년을 기점으로 비약적인 발전을 이루게 되었다. 2000년에 처음으로 등장한 PLM은 이전의 CAD, CAM, CAE를 통합하면서도 그 활동의 중심에 '디지털공장'이라는 개념을 담아 차별화를 내세웠다. 디지털공장의 초기 기안자들은 도요타의 디지털생산시스템인 V-COMM을 벤치마킹했다. 이전까지는 CAD로 설계하고 PDM으로 데이터를 관리하면 그만이었는데, 보잉Boeing과 일부 자동차 기업들이 개념으로만 존재하던 디지털공장의 실제 구축에 뛰어들면서 판이 점점 커지기 시작했다. 이때 일부 선발기업들은 디지털 목업Mock-Up*을 사용하기 시작했고, 도요타는 여기서 한 걸음 더 나아가 제조 및 생산 업무까지 컴퓨터를 통해 검증하기 시작했다. 이렇게 V-COMM, COMPASS로 명명된 도요타의 디지털공장시스템

---

* 제품을 만들기 전에 그 전체 또는 일부를 모형으로 만드는 것.

은 눈부신 성과를 내면서 세계시장의 관심을 받기 시작했다. 제품의 개발기간은 이전에 비해 30%로 축소되었고, 그 과정에서 빈번하게 일어나던 설계변경 건수도 90%이상 줄었다. 도요타는 디지털공장과 도요타생산시스템^{TPS}을 양대 시스템으로 구축해, 신제품의 개발 프로세스를 이 두 개의 축 위에서 함께 움직이기 시작했다.

도요타와 자주 교류하던 보잉은 발빠르게 기류 변화를 감지했다. 777기를 개발한 이후, 787기 개발과정부터 도요타에게 배운 기술을 적용하기 시작한 것이다. 그 결과 이전과 차원이 다른 수준의 디지털기술이 제품개발과 생산현장에 도입됐다. 조립과정 검증, 제조프로세스 검증, 생산시뮬레이션, 기기 유지보수 등의 활동이 컴퓨터로 처리되었다. 여기서 더 나아가 보잉은 디지털공장시스템을 기반으로 전 세계에 있는 수백 개의 협력회사들과 정교하게 연결되는 보다 완벽한 방식의 디지털생산을 추구하기 시작했다. 현재 보잉 787 시리즈는 비행기의 절반이 전 세계 3개 대륙의 6개 국에서 만들어지고 있으며, 나머지는 미국 일리노이^{Illinois} 주 시카고^{Chicago}에서 조립되고 있다. 디지털업무기반을 점차 확대해가고 있는 것이다. 대한한공 역시 보잉의 글로벌 제조생산공장 중 하나로 편성되어 있다.

도요타, 보잉과 같은 선도 기업들의 성과로 인해 디지털공장의 개념은 널리 알려졌고 자연스러운 흐름으로 정착되기 시작했다. 디지털공장시스템을 부분적으로나마 도입한 기업들은 개발기간Time to Market을 단축시키고 신제품의 개발비용을 대대적으로 절감하면서 눈에 띄게 경쟁력을 향상시켜나갔다. 이에 따라 다임러-벤츠, 오펠 Opel, 폭스바겐Volks Wagen, 아우디 등 자동차 기업들과 지멘스와 같은 설비 공급 기업들 역시 디지털공장에 대한 투자를 시작했다. 1990년대 중반 이후 이런 흐름이 10~20여 년간 안정적으로 지속되어 온 덕분에, 관련 기술들은 이제 안정화 단계에 이르렀다는 평가를 받고 있다.

시스템의 통합을 위한 연구도 활발해졌다. 현장에서 수집된 정보 데이터를 이해당사자들과 실시간으로 공유해야 할 필요성은 늘 거론되어 왔다. 이것은 보통 ICTInformation Communication Technology라고 말하는 인터넷 및 정보통신 기술, 그리고 PDMProduct Data Management이라고 불리는 데이터관리기술을 통해 시도되었다. 그러나 IT의 역사를 통해 알 수 있듯이, 이런 목표는 제대로 성취되지 못하고 실패하는 경우가 많았다. IT기술 자체의 문제라기보다는 IT기술이 지원해야 하는 프로세스가 제대로 정의되어 있지 못하거나, 사용자들이 새로운 프로세스를 따를 준비가 되어 있지 않았기 때문이다. 문제를 해결하기 위해서는 사용자들의 특성과 상황을 고려한 최선의 프로세스를 만드는 일이 절실했다. 하지만 실제 현장에서 IT와 프로세스 양자를 능통하게 처리할 수 있는 전문가를 찾기란 어려운 일이었다. 결국 시스템 사용자와 ICT 전문가 또는 솔루션 전문가가 한 팀처럼 움직이는 방법밖에 없었다. 먼저, 사용자들이 생각하는 가장 합리적인 절차와 방법을 정리하면 시스템 개발자는 그런 요구를 통해 적합한 프로세스를 구현하는 식이다. 이는 지금도 유효한 방법이다.

스마트공장의 구현과 인간중심 스마트디지털공장

디지털공장에 이어 떠오른 개념이 바로 스마트공장인데, 정보의 흐름을 보다 효율적으로 처리하는 것을 목표로 한다. 스마트공장은 신제품의 개발이 추진되어 도면이 그려지고 양산과정에 접어들수록 더욱 힘을 발휘한다. 스마트공장을 구축하기 위해서는 물리적인 공장에서 벌어지는 현상들을 더욱 명확하게 규정하는 것이 필수다. 부품들이 정해진 시간과 장소에 준비되어 해당 라인에 투입되어야 하고, 정해진 위치에서 정해진 부위에 조립되는 일이 정교하게 이어져야 한다. 이 과정에서 투입된 부품의 종류와 양, 생산 단계별 소요시간, 폐기나 반품 현황 등에 관한 데이터가 수집된다. 이 정보들은 실시간으로 중앙 모니터와 관련 소재지에 공유된다. 리얼타임시뮬레이션이 가능해지는 것이다. 이런 수준의 시스템을 완벽하게 구현한 곳은 아직 없지만 센서를 활용해 가능한 수준에서 시도는 해볼 수 있을 것이다.

위와 같은 스마트공장의 효율성에 사람과 윤리, 그리고 상생의 관점을 통합한 것이 바로 인간중심 스마트공장이다. 독일의 인더스트리4.0은 궁극적으로 말 그대로의 공장자동화를 목표로 한다면 (물론 이를 위해서는 독일에서도 상당한 시간과 노력, 또한 수많은 저항을 극복해야 한다. 게다가 인더스트리4.0 추진자들은 공장자동화에 있어 '인간의 배제'와 같은 표현도 매우 조심하며 거의 사용하지 않고 있다), 인간중심 스마트디지털공장은 정보의 주체로서 사람의 역할을 강조한다. 근육을 쓰는 일, 단순 반복적인 일, 데이터를 수집하고 분석하고 통계를 내는 일 같은 단순한 작업은 기계와 컴퓨터에게 맡기는 대신, 지식을 기반으로 한 복잡하고 창의적인 업무에 사람의 힘을 집중하는 것이다. 물리적인 일의 난이도는 지금에 비해 매우 낮아지며, 더욱 편리하고 간편한 HMI^{Human Machine Interface}의 개발이 가능하게 될 것이다. 가상의 디지털공장에서 현장노동자나 설비를 구성하고, 제품을 조립하거나 가공하는 시뮬레이션을 통해 더 나은 조건의 제조 환경을 구상해볼 수도 있다. 각종 웨어러블Wearable 기기들을 통해 현장노동자와 실시간 소통도 가능해질 것이다.

현재 발전을 거듭하고 있는 3D프린터를 활용한 첨가형제조는 주목해야 할 기술 중 하나다. 3D프린팅은 재고를 쌓아둘 필요가 없는 다이렉트제조를 실현하는 데 획기적인 역할을 하게 될 것이다. 이미 하이브리드 방식*의 제조는 경제적인 측면에서도 충분히 경쟁력을 갖춘 단계에 이르렀다. 금형을 주물로 만든 뒤 3D프린팅 기법을 통해 금속을 용융 점착하는 방식을 통해 금형의 제조시간을 대폭 줄일 수 있게 된 것이다. 이런 하이브리드 방식의 첨가형제조는 점차 첨가형제조기술로 발전해갈 것이다. 2015년 디트로이트시에서 열린 모터쇼에서는 48시간 만에 3D프린터로 만든 부품들로 제작된 자동차가 선을 보였다. 플라스틱 계통 재료를 이용한 3D프린팅은 가용한 수준에 들어선 지 오래되었으며, 얼마 전에는 전통적인 방법으로 제조하기가 무척 어려운 탄소섬유Carbon Fiber 재료

* 기존 기술과 3D프린팅 기술이 융합된 설비와 공법.

를 이용한 3D프린팅 제조기법이 등장하기도 했다. 이제 제품을 더 빠르게 프린팅하는 형상화속도를 높이는 것과 더욱 다양한 금속재료를 활용하는 기술을 개발하는 것이 남아있다.

사물인터넷 역시 주목할 만하다. 지금은 주로 일상생활에 적용된 개념으로 알려져 있지만, 점차 공장 내부로 사물인터넷이 확산될 것이다. 모든 설비와 공구들에 센서가 부착되고, 이들 센서는 이전에 사람들이 수동으로 조작하던 일의 일부를 스스로 처리하게 될 것이다. 또한 설비-공구들끼리 서로 연결되어 있어 자신들이 하는 일과 그에 따라 발생하게 되는 정보들을 다른 기기와 사람에게 전달할 것이다. 수요와 공급을 전문적으로 관리하고 처리하게 될 것이며, 작업장의 안전환경을 살펴보거나 공장설비에 생길 수 있는 문제를 사전에 감지하게 될 것이다. 사물인터넷은 이전까지 MES가 수행하던 역할과 기능을 더욱 확대할 것이고, 현실과 가상의 공장에 정보 데이터를 전송해 더 많은 일을 수행하도록 도울 것이다.

아직은 비전의 단계에 있는 사물인터넷을 실현하기 위해서는 산업 전반의 공감대가 형성되고 부품공급망이 하나로 연결되어야 한다. 철강이나 화학처럼 제품의 형태가 비교적 단순한 산업분야에서부터 이러한 논의가 이루어질 것이다. 자동차나 항공기, 가전

제품과 같이 상대적으로 복잡한 부품을 다루는 산업분야는 부품공급망을 이루는 공장과 공장의 상호간 연결에는 상당한 시간이 필요할 것으로 보인다. 바로 이때 인간중심 스마트디지털공장에서는 사람이 게이트키퍼Gate Keeper로서, 중요한 의사결정권자로서 활약한다. 사람이 가지고 있는 경험과 지혜, 그리고 윤리적 기반 아래 사물인터넷 기술은 실수를 줄이고 잔업을 최소화하는 역할을 할 것이다.

디지털공장과 스마트공장

불과 10년 전만해도 '스마트'는 독일에서조차 익숙한 개념이 아니었다. 스마트한 시스템을 만들어내는 비용이 매우 컸고, 그것을 현실에서 구현할 만할 기술도 충분하지 않았기 때문이다. 그러나 이론적·논리적 층위에서 스마트기술은 늘 거론되어왔고, 세계의 많은 기업들은 지난 10~15년간 디지털공장 구축에 많은 노력을 기울인 끝에, 이제 바야흐로 스마트공장으로 조금씩 나아가고 있다. 지금까지 살펴본 각국의 동향과 한국의 산업환경, 혁신의 수용과 확산의 차원까지 고려했을 때 제시할 수 있는 인간중심 스마트디지털공장의 모델은 그림19와 같다.

그림에서 보는 것처럼 디지털공장은 가상공장을, 스마트공장

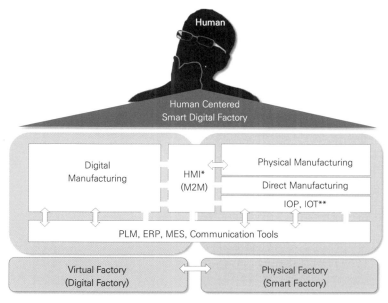

그림 19 인간 중심의 스마트디지털공장의 개념적 구성

은 실제공장을 지원한다. 제품의 개발단계에서는 디지털공장, 양산
단계에서는 스마트공장의 개념이 강조되지만 최종적으로는 양자
가 총체적으로 연결되고 가동되어야 한다. 그림20에서 제시하는 7
가지 영역은 제3장에서 제시한 한국산업의 경쟁력 제고를 위한 과
제들과 일치한다.

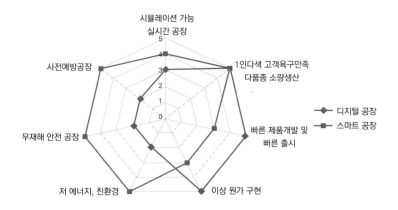

그림 20 스마트디지털공장의 개념에 있어서 디지털공장 및 스마트공장이 강조되는 영역

디지털공장이 스마트기술과 융합되어 시너지를 이룰 때, 제조기업의 역량은 비로소 고도화되었다고 말할 수 있을 것이다. 이를 위해 두 가지 중요한 질문을 하려고 한다.

3) 중요한 질문1: 제품의 개발프로세스는 최고인가?

한국의 기업들은 세계 최고 수준의 개발프로세스를 갖추고 있는가? 기업마다 다를 수 있겠지만 전반적인 측면에서 '아직 아니다'

라는 결론을 내릴 수 있을 것 같다. 이미 더 나은 개발프로세스를 구축하고 수행하고 있는 기업들이 전 세계적으로 포진해 있다. 그들이 공학에 입문했다면 한국의 기업들은 기초수학을 좀 더 공부해야 하는 입장인 것이다.

스마트공장의 성과를 기대하려면 제조와 생산뿐만 아니라 제품의 개발프로세스 분야에서 경쟁력을 높여야 한다. 그림21에서 제조

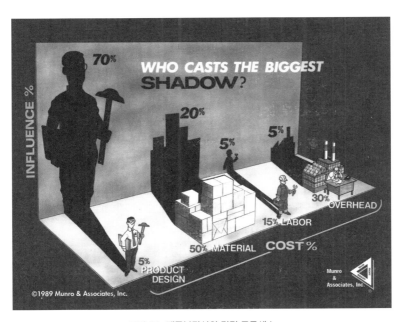

그림 21 제품복잡성의 결정 프로세스
출처 : Munro&Associates Inc.

의 복잡성이 어떻게 결정되는지 보면 그 이유를 알 수 있을 것이다.

대기업과 중소기업을 막론하고 한국의 기업들은 근본적인 프로세스의 개선을 통해 제품의 개발기간을 평균 30% 정도 축소해야 한다. 현재 자동차 개발기간이 36개월이라면 향후 25개월 정도로, 모델 결정 후 양산까지 18개월이 소요가 된다면 장차 12개월 안팎으로 줄여나가려는 노력이 필요하다. 기타 가전제품 역시 마찬가지다. 이를 위해 시스템의 부분적인 개선이 아닌 통합적이고 총체적인 개선이 시급하다.

설계변경은 제품의 개발속도를 저해하는 가장 큰 요인이다. 연구에 따르면 설계변경 건수가 65% 이상 절감될 경우, 제조업 공정계획 소요시간은 40% 이상 줄어드는 것으로 나타났다. 상위 프로세스를 개선하면 하위 프로세스에서의 효율성이 배가되는 것이다. 설계변경을 줄이기 위해서는 설계자들이 실제 제품을 제조하고 조립하는 과정을 이해하고 잠재적인 오류에 대처할 수 있어야 한다. 이를 위해 제조 및 생산라인과의 협업과 시뮬레이션 환경을 구축해야 한다. 이렇게 하면 제품개발기간이 단축되면서도 제조 생산성은 적어도 15% 이상 향상될 것이고, 전반적인 제조비용을 절감할 수 있다. 또한 정보탐색 및 데이터 확인에 소모되는 시간도

80% 이상 줄일 수 있을 것이다.

4) 중요한 질문2: 혁신의 저항은 충분히 고려했는가?

인더스트리4.0은 사물 간의 물샐틈없는 연결을 전제로 한다. 냉장고에 든 음식의 재고가 부족한 상황을 가정해보자. 스마트한 냉장고는 스스로 물건을 구매해서 채울 것이다. 이런 세상에서 인간은 그저 서비스를 이용하고 소비하는 존재로 전락한다. 인간을 위해 만든 기술이 인간의 주체성을 빼앗는 결과를 낳을 수도 있는 것이다. 사물인터넷이나 인더스트리4.0이 염두에 두어야 할 지점이 바로 여기에 있다. 기술 발전의 중심에는 언제나 인간이 있어야 한다. 이것이 무시될 경우 우리는 혁신의 저항이라는 예기치 못한 위험에 직면할 것이다. 지금 등장하는 사례들은 대개 화학제품이나 단순한 제품의 유연한 생산을 다루고 있지만, 실제로 우리가 만들고 사용하려는 많은 제품들은 수많은 기관이나 조직이 함께 참여하는 가치사슬망으로 이어져 있다. 여기서 어느 누구도 의도적으로 그 역할과 이익을 축소하려고 하지는 않을 것이다. 만일 어떤 형태로든 자신의 역할과 이익이 축소된다면 해당 주체들의 저항이 발생할 텐데, 이런 저항을 슬기롭게 헤쳐나갈 수 있는 역지사지와 상생의 역량을 준비하고 기를 필요가 있겠다.

새로운 산업생태계

혁신을 추진할 때 중요한 것은 과연 어떠한 방법으로 생태계의 동의와 수용을 이끌어낼 것인가 하는 점이다. BMW의 i3 생산 공장이나 테슬라의 공장을 보면 한결같이 점점 더 많은 일들이 공장 내부에서 해결되는 것을 알 수 있다. 차체나 동력추진장치는 물론 배터리와 같은 핵심제품들 모두 그들의 공장 내부에서 로봇에 의해 조립된다. 이는 아마 로봇과 자동화설비를 활용한 고도의 집적생산을 추진하기 위함일 것이다. 원래 이러한 일은 외부 하청기업이 맡아서 하고, 본사의 공장에서는 부품들을 합쳐 완제품을 만들었다. 그러나 앞으로는 모든 일이 본사의 공장 안에서 이루어지는 것이다. 대기업의 생산성과 이윤 측면에서는 훨씬 나을 수 있겠지만, 이러한 작업을 담당하던 기업은 어떻게 될 것인가? 이와 같은 일이 진행된다면 결국 산업생태계는 적자생존과 약육강식만 강조되는 곳으로 전락할 것이다. 힘이 있는 조직은 더욱 힘을 키우게 될 것이고, 이러한 변화에 따른 모든 이익을 독점하는 소위 '울트라 수퍼 갑'이 탄생할지도 모른다. 그런데 이러한 변화를 그저 눈 뜨고 바라만 보는 조직이 과연 있을까? 당연히 변화에 거세게 저항하지는 않을까?

인간중심 스마트디지털공장은 결국 모든 의사결정과 중요한 활동의 중심에 인간이 있고, 또 산업생태계를 조화롭게 구성하는 여러 조직이 있다는 것을 전제로 하는 모델이다. 산업생태계 내부에 존재하는 여러 기업과 조직 들이 가능하면 함께 생존하고 발전하는 방식의 모델을 꿈꾸는 것이다.

시스템의 안전 및 보안

또 다른 함정은 기계들 간에, 그리고 기계와 기업 간에 실시간으로 교환되는 정보들의 보완 문제다. 모든 사적인 정보들이 실시간으로 공유된다는 것은 최악의 경우 악의를 가진 이들에게 모든 정보들이 실시간으로 유출될 수 있다는 것을 뜻한다.

시스템의 안전 및 보안 역시 가장 중요한 이슈다. 특히 시스템이 하나로 연결되고 통합되면 될수록, 시스템의 보안, 신뢰도, 사용 및 운영 모델 수렴, 실시간 분석, 예측과 같은 문제들이 중요한 이슈로 대두된다. 이들 중 어느 것 하나라도 충분히 준비되지 않을 경우, 총체적인 시스템을 구축하고 정상적으로 가동하는 데에는 많은 어려움이 따를 것이다.

이론적인 관점에서 보안은 정보 데이터가 오용되지 않아야 하는 것은 물론, 공인되지 않은 어떤 접근으로부터도 완벽한 안전을 보장할 수 있는 상태를 말한다. 해킹 등 사이버 공격에 대한 위험에도 완벽한 대비를 갖추어야 할 것이다. 만약 위에서 언급한 시스템이 해킹당한다면 지금처럼 단순히 기업 하나의 문제가 아니라 시스템에 연결된 기업들 모두의 시스템이 마비되는 재앙으로 문제가 커질 수 있기 때문이다. 앞으로는 어떠한 경우에라도 이러한 일을 막을 수 있는 기술적인 방법이 구축되어야 할 것이다.

매스컴에서 은행, 기업, 정부기관 등이 해킹으로 인해 개인정보가 유출되었다는 소식을 들을 때마다, 우리는 어딘가에서 정보를 빼내고 데이터를 훔치는 일이 얼마나 쉬운 일인지 깨닫게 된다. 사물인터넷과 인더스트리4.0이 그리는 미래에서 이러한 일이 일어난다면, 그저 해커들이 스마트TV를 가지고 장난치는 것 정도는 화젯거리도 안 된다. 이들은 정부기관이나 기업의 데이터베이스 창고를 마음껏 헤집고 다닐 수도 있다. 사실 지금까지 우리가 믿고 있는 수

많은 보안체계는 상당 부분 행운에 의지하고 있다. 한쪽에서 더 크고 단단한 방패를 만든다 해도, 다른 쪽에서 더 잘 드는 도끼를 만들면 소용이 없어지는 꼴이다. 더욱 철저한 대비와 완벽한 보완책을 끊임없이 추구해야 하는 이유다.

지적재산의 보호

지적재산에 대한 보호를 강화하는 것은 시스템 차원을 넘어서 법률적, 윤리적인 문제로 확대해서 보아야 한다. 실제로 기업이 서로 연결됨으로써 의도적이 아니든 입수할 수 있는 타 기업의 정보나 데이터를 어떻게 보호할지 잘 정할 필요가 있다. 시스템적으로도, 또 법률적으로도 영업권, 기밀정보 및 데이터 등 지적재산권을 보호할 수 있는 체계가 지금보다 훨씬 강화될 필요가 있다.

예상하지 못한 인명사고

공장과 공장, 설비와 설비가 스마트하게 연결된 시스템 상에서, 어느 날 갑자기 안전문제가 발생했다고 가정해보자. 예컨대 기계나 시스템의 오작동으로 인해 작업자가 다치거나 사망하는 일이 생긴 것이다. 사실 예기치 못한 사고란 늘 있기 마련이지만, 커다란 기대 속에서 시작한 프로젝트가 다른 것도 아닌 가장 혁신적인 요소로 내세웠던 안전문제로 인해 인명사고가 발생한다면 거센 비판을 피할 수 없을 것이다. 특히 공상과학영화에서 나오듯, 기계가 사람을 다치게 하는 사건이 일어난다면 어떨까? 아마도 대중과 여론의 거센 반발을 사게 될 것이다.

환경 파괴

만약 자연재해나 시스템상의 오류에 의해 스마트공장이 환경을 크게 훼손한다면 어떻게 될까? 예컨대, 정유공장에서 설비 간의 충돌에 의해, 또는 시스템의 문제로 심각한 기름유출사고가 일어난다면? 실제로 지금 논의되고 있는 모든 스마트기술은 환경을 보호하고 예기치 않은 사고를 사전에 방지하는 데 초점이 맞추어져 있다. 따라서 위와 같은 일을 겪는다고 해도 최악의 결과는 일어나지 않을 것이다. 하지만 기계나 컴퓨터 역시 오류가 발생한다는 점을 염두에 둘 필요가 있다. 인간의 판단과 의사결정을 제외한 채, 기계와 컴퓨터만으로 자동화시스템을 구축하는 문제에 대해 깊게 고민할 필요가 바로 여기에 있다.

2

스마트디지털공장의 구현

1) 시뮬레이션이 가능하고 유연성을 갖춘 실시간 공장

공장에서 이루어지는 제품 제조와 생산 과정에서 제일 중요한 사항은 사전에 발생할 수 있는 모든 가능성과 문제에 대해 파악하고 대비하는 것이다. 따라서 디지털공장의 목표 역시 제품의 설계에서부터 미리 문제점을 모두 찾는 데 있다. 또 제품의 제작타당성이나 최적공정설계에 대한 피드백을 통해서 제품의 설계 및 공정에 관한 것들을 투자 전에 미리 살펴볼 수 있다. 이러한 시스템은

1	시뮬레이션 가능하고 실시간으로 유연한 공장 구현
2	1인 다색의 다양화된 고객 대응
3	빠른 제품 개발 속도 구현
4	린 디자인을 통한 이상적 제조원가 구현
5	친환경 및 저에너지 소비공장 구현
6	재해 없는 공장 구현
7	예고없이 서지 않는 공장 구현

그림22 인간중심 스마트디지털공장의 7가지 어젠다

새로운 공장을 건설하거나 설비를 구축할 때에도 신속하게 처리할 수 있다. 사전에 검증을 거쳤기 때문에 실수가 줄어든다. 과거와 전혀 다른 수준의 합리적인 의사 결정을 내릴 수 있다.

이러한 시뮬레이션은 가능하면 3D 환경에서 해보는 것이 좋다. 이를 통해 실제 조건에서 일어날 수 있는 실수나 오류를 사전에 방지할 수 있다. 업무의 효율성 역시 획기적으로 향상될 수 있고, 시제품의 제작 개수를 줄여 투입되는 시간이나 비용도 크게 절감할 수 있다. 이러한 일들은 지금도 대부분의 선진 제조기업들이 실제로 적용하고 있거나 추진 중에 있다.

다음 단계에서 살펴볼 일은 생산과정에서의 효율성을 극대화하고 최적화하는 것이다. 예를 들면 엔진의 설계는 제대로 잘 되었다 하더라도 실제 제품이 효율적으로 조립될 수 있을지, 또 부품 각각의 제조 특성 및 생산성은 어떨지 사전에 검증이 가능해야 한다. 가상공장인 디지털공장의 시스템 위에서 실제 공장 및 생산라인의 조건과 환경을 미리 경험할 수 있어야 한다. 나아가 각각의 설비의 사양과 설치 및 운용, 그리고 설비들이 연결된 전체 생산공정을 시뮬레이션할 수 있는 환경을 만들어야 한다. 그리고 이를 통해 제조 프로세스를 분석할 수 있어야 한다. 구체적으로 말하면 용접경로나 볼트 및 너트의 조립경로는 물론, 어떤 공구를 사용해야 하는지, 또 선택된 공구가 제대로 접근할 수 있는지 미리 파악할 수 있어야 한다. 작업을 수행할 작업자의 자세나 안전 역시 인체공학적인 관점에서 최적화될 수 있어야 한다. 필요하다면 로봇의 투입여부도 결정할 수 있을 것이다.

이 정도 수준의 일은 이미 많은 기업들이 실제로 수행하고 있다. 독일의 다임러-벤츠는 캐빈Cabin이나 트럭의 조립 과정에서 이러한 방식으로 디지털공정 시뮬레이션을 적용함으로써 많은 시간과 비용을 절감했으며, 최적의 공정을 구현할 수 있었다. 일부 일본 회사들도 상당한 시스템을 갖춘 상태에서 이러한 작업들을 하고 있다. 예컨대 가전용 또는 산업용 에어컨디셔닝시스템을 만드는 다이킨Daikin Industries도 디지털공장에서 제조생산라인을 사전에 검증하는 방법을 적용함으로써 상당한 결실을 얻었다. 설비 제작기간이 30% 단축되었고, 비용 역시 50%나 절감했다. 디지털공장의 시스템을 통해 더 나은 계획과 공정, 생산이 가능하다는 이들의 사례는 이미 10년 전부터 쌓여왔다. 이런 수준의 시스템을 구축하고 있는 기업은 전 세계적으로는 물론, 우리나라에도 적어도 30여 개 이상에 달한다. 그런데 독일이나 일본의 기업들과는 달리 우리나라 기업들은 이러한 일을 지나치게 단순하게, 마치 유행처럼 바라보는 경향이 있다. 한두 번 해보고 섣불리 결과를 발표하거나, 홍보를 한창 하다가도 이를 후원하던 경영자가 바뀌면 다시 본래의 프로세스로 복귀하는 것이다. 바로 이점이 독일과의 차이다. 독일에서는 프로젝트가 일관적으로 이어진다. 그리고 공장 하나, 회사 하나에 그치지 않고 다른 곳에도 그 결과를 소개하고 적용할 수 있도록 격려한다. 보쉬 그룹이 그 대표적인 사례다. 또한 그 과정을 지원하는 기업들, 예를 들면 지멘스나 SAP 같은 기업들은 이러한 일을 촉진한다. 한국에서는 일부 시스템통합SI 회사나 소프트웨어를 파는 기

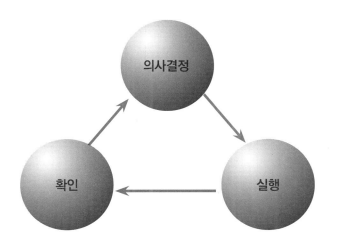

그림 23 실시간 데이터를 기반으로 시뮬레이션이 가능하고 유연성을 갖춘 실시간 공장

업들이 추진하면서 단기적인 사업목표로만 접근하기 일쑤라, 성과를 얻기 어렵거나 성과가 있더라도 단절되는 경우가 다반사다.

이미 수많은 사례를 보면 컴퓨터로 구축된 가상세계를 통해, 우리가 가능한 많은 결정을 내리고 그 결과에 대해 별다른 비용 지불 없이 사전에 검증이 가능하다는 것을 알 수 있다. 만약 이러한 작업을 실제 공정을 통해 수행한다면 많은 비용이 필요로 할 것이다. 비효율적인 생산공정을 개선 또는 재설계하고자 하면, 비용도 비용이거니와 길게는 수년의 긴 시간이 소모되기도 한다. 디지털공정에서는 쉽게 얻을 수 있는 결과를 실제 공정에서 얻기 위해서는 너무 많은 비용이 소모되는 것이다.

생산공정을 개발한다는 것은 일회성 이벤트가 아니다. 생산공정은 끊임없이 개선된다. 새로운 공법과 이를 지원할 새로운 설비, 시스템이 새롭게 등장한다. 그러나 전통적인 방법으로는 생산라인의 이상적인 구축이 어렵다. 그래서 신규라인을 설치하거나 신제품을 기존라인에 투입해 생산하려 할 때 생산제조 과정에서 공정의 효율성을 향상시킬 수 있는 새로운 방도를 찾아야 한다. 그리고 이제 우리는 다행히도 디지털공장시스템 위에서 생산라인에 대해 자유롭게 조율해볼 수 있다. 생산 및 공정 관련 엔지니어들은 디지털

매뉴팩처링 툴을 적용함으로써 병목지점이나 비효율적인 부분을 파악하고 올바르게 수정할 수 있다. 이 과정에서 스마트공장의 수준을 결정하거나 구축하는 로드맵을 만들어볼 수도 있다. 그리고 이 과정에서 사람이 어떤 역할을 할지 정할 수 있다. 적어도 사람들은 현장에서 발생하는 수많은 상황과 정보들을 일목요연하게 보고받을 수 있는 인터페이스, 즉 모니터링 시스템을 제공받을 수 있도록 공장의 환경이나 설비에 대한 선택이 이루어져야 한다. 데이터나 제조상황 같은 정보를 스마트폰과 같은 기기를 통해 실시간으로 제공하는 일은 지금도 가능하지만, 문제는 어떤 정보를 어떤 포맷으로 전달하는 것이 가장 효과적인지 결정하는 일이다.

2) 다양화된 고객을 위한 제품을 공급하라

향후 전개될 수 있는 가장 큰 시장의 변화 흐름은 개성 있는 제품을 찾는 사람들의 증가다. 이러한 수요의 증가는 패션 및 잡화 분야에서는 이미 오래 전부터 있어온 변화지만, 이제는 이와 유사한 경향이 다른 산업으로도 퍼져가고 있다. 제품의 다양화에 따른 단위 제조원가가 기술의 발전에 따라 매우 낮아질 수 있기에 이러한 변화는 분명히 이루어질 것이다. 이제 언제 이러한 일이 가능할 것인가, 누가 무엇이 물꼬를 틀 것인가의 문제만 남았을 뿐이다.

지난 백여 년간, 제조기업들의 생존모델은 오직 소품종 대량생산이었다. 자동차, 가전제품, 전자제품, 산업용 기기 등이 모두 그러했다. 반면 다품종 소량생산은 일부 예술이나 취미 활동과 관련된 제품에서만 이루어졌다. 의류나 액세서리 같은 패션이나 가구 등과 관련된 제품을 만드는 일이 여기에 해당된다.

이러한 트렌드는 일반 기계 산업 분야에서도 좀 더 빨리 적용될 수 있을 것으로 보인다. 이미 보쉬는 디젤인젝터Diesel Injector를 만드는 공장에서 소량생산을 통해서도 이익을 남길 수 있는 시스템을 갖추어가고 있다. 이러한 시스템을 위해서는 고객의 주문정보는 물론, 부품의 공급상황이나 생산공정의 관리, 생산을 위한 세팅 등 모든 정보가 일사분란하면서도 유연하게 운영되어야 한다. 첨가형 제조기술 역시 상용화 가능성이 크다. 3D프린팅이라는 이름으로 알려진 이 기술은 주로 플라스틱 계통 소재를 중심으로 활용되는 수준이었으나, 최근에는 금속재료를 활용해 제품을 생산할 수 있는 수준으로 진화하고 있다. 인도의 타타모터스Tata Motors도 그런 시도를 하고 있는 대표적인 회사 중 하나다. 앞으로 첨가형 제조기술이 대량생산에 가담하는 그 순간부터, 세상은 아주 빠른 변화를 마주하게 될 것이 분명하다.

사실 이전까지는 시장의 다양성에 대한 요구는 제조기업에게 달가운 것만은 아니었다. 제품을 다양화할 경우 원가를 끌어올려 이익을 보장하지 못했기 때문이다. 따라서 원가 증대를 최소화하면서도 소비자들이 다양성을 느낄 수 있도록 하는 방법이 동원되었다. 주로 색상을 통해 변화를 주거나, 단일한 색이 아닌 여러 개의 색을 써서 제품을 다양하게 보이게 만드는 방법이 그것이다. 자동차가 그 대표적인 제품이다. 기능상 약간의 차이를 두는 방법도 동원되었다. 기본 기능 외에도 특별한 기능 한두 개 정도를 추가하도록 하는 것이다. 이러한 방식은 단순히 색깔을 바꾸는 것과는 비교할 수 없을 만큼 원가 상승률이 크기 때문에 매우 제한적인 선에서 채택되었다. 그러나 이제는 여러 가지 혁신적 설계 방안과 첨가형 제조기술과 같은 획기적인 기술이 출현했고, 지금까지의 이러한 제약은 확실히 약화될 것이 분명하다.

3) 빠른 제품 개발속도를 구현하라

제품을 개발하는 데 있어 시간은 경쟁력을 갖추기 위한 매우 중요한 요소다. 남들보다 더 빨리 신제품을 시장에 내놓을 경우 다른 유사 신제품과의 경쟁에서 우위를 점할 수 있고, 이것은 곧 더 많은 기회의 창출로 이어지기 때문이다. 또한 동일한 일을 더 빠른 시간에 마무리한다는 말은 개발비용 역시 훨씬 적게 들어간다는 것을 뜻한다. 회사가 얻을 수 있는 이익은 더욱 늘어날 수밖에 없다.

스마트디지털공장이 제품의 개발시간을 단축하는 원리는 실로 매우 간단하다. 시행착오에 따른 불필요한 시간을 줄이는 것이다. 그렇다면 시행착오는 어떻게 줄일 수 있을까? 바로 가상의 디지털공간에서 실제와 비슷한 조건을 만들고, 착오가 일어날 만한 일들을 미리 검증하고 평가하는 것이다. 컴퓨터 속 가상공간에서 수행되는 이러한 작업들은 실제 공간에서 수행되는 것보다 소요비용이 매우 적고 시간 역시 적게 소모된다.

자동차산업은 전통적으로 긴 개발시간을 요구하는 제품의 개발프로세스를 가지고 있었다. 2000년 이전까지만 하더라도, 신제품을 개발하는 데 5~6년 정도 걸리는 것은 업계에서는 당연시되었다. 그러나 지금은 대략 3년 안에 신차를 개발하지 못하면 경쟁력이 없다고 말한다. 신제품 개발경쟁에 속도가 붙은 것이다. 그런데 만약 누군가가 새로운 차에 대한 개념 구상에서 개발과 출시를 단 4개월 만에 완료하는 것이 가능하다고 한다면 어떤 일이 벌어질까?

　단 4개월 만에 신차를 개발하는 프로젝트는 2000년도 초반, 실제로 추진된 적이 있는 사례다. 영국의 TWRTom Walkinshaw Racing 사가 이 프로젝트를 추진했다. 이 회사는 자동차에 관련된 엔지니어링 전문기업으로, 자동차엔진을 설계하기도 하고, 기존 자동차의 성능을 개선하는 데 도움을 주기도 하는 전문기업이었다. 소위 자동차 업계의 빅3를 비롯해 전 세계 대부분의 자동차기업을 고객으로 보유하고 있었다. 그러던 중 이 회사는 2002년 말, 아주 흥미로운 프로젝트를 수행했다. 단 15주 만에, 완전히 새로운 아이디어에서부터 시작된 새로운 차가 설계와 생산이 이루어져 세상에 선을 보인 것이다. 양산은 시도되지 않았는데, 당시의 기술력으로는 양산금형을 만드는 데 6개월 정도 시간이 걸렸기 때문이다. 어쨌든 이렇게 짧은 시간 동안 새로운 차량이 설계되고 개발될 수 있었던

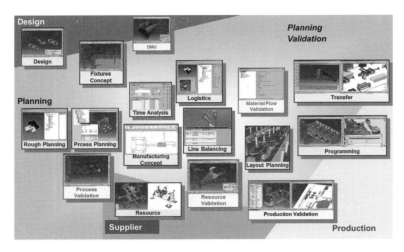

그림 24 빠른 제품개발 기간 구현을 위한 다양한 도구

것은 디지털기술의 위력 덕분이었다. 가상의 공간에서, 대부분의 일들은 신속하게 협업을 통해 이루어진다. 다양한 디지털도구들이 상호 연계되어 있어 신속한 업무가 가능했다. 이 회사는 무려 61종에 이르는 컴퓨터프로그램을 활용하고 있는데, 이를 효과적으로 통합한 것이 성공의 핵심요인이었다. 이렇게 다양한 프로그램에 의해 구축된 제품의 개발공간이 바로 디지털공장이다.

이러한 배경을 바탕으로 도요타는 설계고정 후 양산에 이르는 리드타임lead time을 3분의 2로 단축한 13개월로 구현하는 데 성공했다. 당장 전체 공정을 디지털화하는 것이 어렵다고 한다면, 디지털 목업만 사용해도 개발시간을 많이 절감할 수 있다. 폭스바겐의 폴로Polo, 메르세데스 벤츠의 E-클래스E-Class, 포드의 피에스타Fiesta 등은 디지털목업의 적용만으로도 개발기간을 5~6개월가량 단축하는 데 성공했고, 볼보Volvo 역시 이전보다 훨씬 단축된 27개월 만에 XC90을 개발한 바 있다. 포드의 COO인 닉 쉴르Nick Scheele는 자동차의 개발속도가 빨라지면서 제조비용도 대당 99유로는 절감되었다고 말한 바 있다. 이외에도 제품의 개발속도 개선에 성공한 사례는 무수히 많다. 우리나라 기업 역시 보다 관심을 기울여야 할 것이다. 그런데 이것은 단순히 소프트웨어나 시스템 한두 개를 바꾸거나 구축했다고 되는 일이 절대 아니다. 무엇보다 근본적인 업무프로세스가 바뀌어야 하는 일이고, 기업의 문화적 토대가 갖추어져야 성취 가능한 과제다. 사람이 일하는 방법, 태도의 근본적인 개선 없이는 ERP나 PLM을 도입한다고 해도 그저 이름만 멋있는 장식물로 전락할 수 있다.

4) 이상적인 제조원가를 구현하라

제조산업에서 경쟁력을 갖추기 위한 가장 좋은 방법은 낮은 제조원가를 확보하는 것이다. 품질이나 납기도 매우 중요하지만, 일단 원가가 싸면 시장에서 경쟁을 위한 활동의 폭이 넓어진다. 그렇다면 원가에서 경쟁우위를 갖기 위해서는 어떻게 해야 하는가? 간단하다. 먼저 가장 이상적인 원가가 무엇인지 이해하는 것이다. 보유한 기술력을 최대로 활용함으로써 가장 이상적인 수준의 원가요소인 인건비와 재료비 그리고 경비를 예측할 수 있는 능력을 갖는 것이다. 다시 말해 이상원가란 현재 가용한 모든 조건을 동원한 상태에서 모든 요소에서 낭비가 없는 상태를 말한다. 이는 고객의 관점에서 오직 고객이 가치로 느끼는 것으로만 구성된 제품을 만드는 것이다. 원래 미국 국방성에서 제시된 개념이지만 린 혁신이 활발하게 통용되면서 지금은 산업분야 일반에서도 널리 채택되는 개념으로 진화했다. 이러한 예측을 바탕으로 끊임없이 이상과 현실의 차이를 축소하는 활동을 통해 경쟁력을 강화해야 한다.

그렇다면 스마트디지털공장이 어떻게 원가를 자유롭게 조절할 수 있는지 살펴보자. 이미 위에서 살펴본 것과 같이 디지털공장의 주요 역할은 제품개발에 소요되는 시간과 비용을 최적화하는 것이고, 스마트공장의 주요 역할은 양산단계에서의 불필요한 원가 요인을 축소하는 것이다. 불필요한 부품을 생산하거나 대기시간을 가지는 일 없이 가장 적합한 시기에 적합한 양의 부품을 만들어 제때 공급할 수 있다면 당연히 낭비는 줄어들 것이다. 여기에는 작업자, 기계 및 설비장치 등의 비용이 모두 포함되어 있다. 스마트공장과 일반 공장과의 기본적인 차이는 언제 어떤 부품이 얼마나 필요한지를 사전에 파악하고 있는지 여부다. 스마트공장은 이러한 정보를 실시간으로 공유하고 활용하기 때문에 이상적인 원가에 다가갈 수 있다.

그러나 이런 모든 일들이 일어나는 것은 설계가 완성된 이후의 일이다. 설계에서부터 근본적으로 제품을 더 단순화할 수 있다면, 다음 단계인 생산에서 보다 획기적인 원가절감의 기회를 끌어낼 수 있다. 한마디로 설계에서부터 고객이 가치로 느끼지 않는 모든 부분을 줄여나가는 것이 필요하다. 제품이 단순해지면 공정도 단순해지고 공장도 가벼워진다. 그만큼 경쟁력이 올라가는 것이다. 실제로 경쟁력의 70%이상은 제품의 설계단계에서 이미 결정된다. 그리고 설계를 제대로 하는 기반이 바로 디지털공장이다. 물론 여

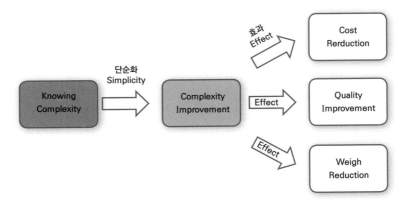

그림 25 단순화를 통한 이상적인 원가로의 접근
제품의 구조와 구성이 단순해지면 제조원가가 떨어지고 품질도 개선된다

기에서도 사람의 역할이 중요하다. 시스템이나 소프트웨어만으로 모든 일이 저절로 성취되지는 않는다. 지적인 영역에서 사람의 노력과 땀이 필요하다.

5) 에너지 소비량과 폐기물 배출량을 줄여라

공장은 에너지를 사용해 제품을 만들고 온실가스와 같은 여러 가지 폐기물도 내어놓는다. 스마트디지털공장은 이처럼 제품을 생산하는 데 소모되는 에너지와 배출되는 폐기물의 양을 동시에 줄이는 것을 목표로 한다. 이를 위해서는 운영되고 있는 공장데이터를 잘 살펴보는 것이 좋다. 통계나 빅데이터를 활용하는 것도 하나의 방법이다. 사물인터넷이 말하는 스마트센서를 사용하지 않더라도 지금 우리가 확보할 수 있는 데이터만 잘 분석해도 에너지 소비량을 약 30%가량 줄일 수 있다. 에너지효율을 높일 수 있는 가장 중요한 열쇠는 생산을 중단하는 동안 시스템에 연결된 라인의 전력 공급을 중단할 수 있는 능력이다. 예컨대 아직도 많은 생산라인이 부품을 생산하지 않는 휴식시간, 예컨대 주말이나 교대시간에도 운영된다. 자동차 조립라인의 레이저용접의 경우 일하지 않는 시간에 쓰이는 에너지가 전체 사용량의 12%나 된다. 이를 해결하기 위해서 압출기는 상시회전형모터 대신, 필요할 때 즉시 사용할 수 있는 속도조절모터를 이용할 수 있을 것이다. 이런 방식을 통해 가동되지 않을 때 사용되는 전력량을 대폭 줄일 수 있을 것이다. 좀 더 오랜 시간 중단할 필요가 있으면 대기모드로 조정하는 식의 기술도 강구할 필요가 있다. 문제는 기계나 설비에 필요한 워밍업 시간인데, 이에 대한 기술적 대안도 독일의 여러 기업들이나 미국 제너럴모터스 등의 기업에서 논의되고 있다.

지멘스의 사례를 살펴보자. 지멘스는 생산에 사용되지 않는 설비의 전력을 체계적으로 차단하고 있다. 생산라인을 주5일에 3교대 패턴으로 운용하고 주말에는 아예 공장을 끄는 대신, 주말이 끝나면 바로 가동할 수 있도록 미리 에너지를 충전해놓는 방식을 채택했다. 이를 통해 전체 에너지소비량의 12%, 생산 중간의 휴식에 소모되는 에너지소비량의 90%를 절감했다.

두 번째는 가공과 조립, 기계 투입시간 자체를 줄이는 공법의 개발되어야 한다. 이전까지 10초가 걸리던 공법을 5초로 줄이는 것이다. 이는 린 제조에 해당하는 활동이기도 하지만 근본적으로는 제품의 복잡성 감소나 설비의 고도화를 통해서 이룰 수 있는 일이다. 제품을 구성하는 부품수가 줄어들고 형상이 단순화될 수만 있다면 제품을 제조하거나 조립하는 데 소모되는 에너지는 상당히 줄게 된다. 이미 자동차산업이나 가전제품, 디지털장비의 제조 등에서 찾아볼 수 있는 내용이다.

세 번째는 스마트기술을 활용해서 필요할 때에만 제품을 만들 수 있는 의사결정의 품질을 끌어올리는 일이 필요하다. 이를 위해서는 부분이 아닌 전체를 조망할 수 있는 능력이 필요하다.

네 번째는 사용하고 남는 전력이 낭비되지 않고 다시 활용할 수 있는 방안을 찾는 것이다.

위와 같은 방법을 통해 에너지를 적절하게 쓰는 것만으로도, 쓸모없이 소비되는 에너지를 줄여 효율성을 높일 수 있다.

6) 재해 없는 공장

하인리히의 법칙에 따르면 큰 재해는 일어나기 전에 여러 가지 징후를 보인다고 한다. 바로 이것을 감지하는 것이 스마트공장의 개념에서 매우 중요한 일이다. 인간의 오감을 넘어서는 능력을 가진 센서를 활용해 데이터를 모으고, 그 데이터에 대한 분석을 통해 여러 증상을 실시간으로 찾아내는 것이다. 예를 들면 수천 킬로미터에 달하는 송유관에서 기름이 누출되는 것을 사람의 힘으로는 도저히 알 수 없지만, 센서들을 통해 무수히 많은 데이터를 받는 컴퓨터는 그 정보를 분석해 인간에게 사고의 발생여부와 위치 등을 알려줄 수 있다. 이러한 일은 공장에서도 마찬가지로 적용될 수 있다.

위와 같은 일은 기계뿐만 아니라 인간에게도 적용될 수 있다.

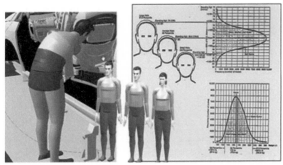

그림 26 인간공학적 작업 분석 기법의 적용
출처 : Siemens(위) Dassault System(아래)

흔히 사람에게 해를 미치는 재해라고 하면 화재나 폭발 사고 같은 것만 생각하기 쉽지만, 사실 눈에 보이지 않는 치명적인 재해도 많다. 바로 노동자의 근골격계 질환과 같은 것이다. 이러한 질환은 대개 제품의 구조나 공장의 작업조건에서 기인하는데, 우리나라에서도 2000년대 이후 산업재해로 인정받고 있다. 스마트공장에서는 자세에 따른 스트레스 지수 등을 측정하여, 노동자가 적합한 자세로 근무할 수 있도록 최적의 환경을 제공할 수 있을 것이다.

스마트공장에서 작업자는 사람이 가진 가장 큰 장점 중 하나인 유연성이 요구되는 공정에서, 가장 안전한 형태의 작업을 수행할 것이다. 이미 독일의 BMW 공장에서는 이러한 시스템이 갖추어져 있는데, 보다 복잡하고 기술적으로 어려운 작업을 기술자가 안전하게 처리하고, 대다수의 공정은 로봇이나 기계가 맡고 있다. 이것이 스마트디지털공장이 만들어낼 미래 공장의 모습이다. 이렇게 된다면 우리가 비록 고령화-저출산 사회로 진입하게 된다고 해도 고령의 숙련된 작업자를 활용할 수 있게 될 것이다. 그런 세상이 오면 기업들이 60세 이상의 숙련된 기술자만 뽑겠다는 공고를 내더라도 놀라운 일이 아닐 것이다.

7) 고장 없는 공장

TV의 주요부품인 디스플레이를 만드는 공장이 예고 없이 갑자기 정지한다면 얼마나 많은 손실이 발생할까? 자동차 생산라인, 엔진가공 생산라인, 디스플레이 제조라인, 조선소, 항공기 제조라인, 철강 생산라인, 열처리공장, 단조공장, 화학물질 및 원재료 처리시설……. 이러한 공장들의 특징은 현장에서 근무하는 작업자가 거의 없고 대규모 설비에 의해서 제조 및 생산이 이루어진다는 점이다. 그러나 이런 대규모 장치들도 종종 예기치 않은 이상을 일으키고 고장이 나게 마련이다. 이러한 장치에 이상이 생겨 작동이 중단되면, 자칫 전체 공장의 운영에 비상사태가 발생하는 경우가 종종 있다. 설비를 수리해 작동을 재개한다고 해도 중단됐을 때 제조된 제품의 경우 품질 면에서 다시 확인이 필요하거나 폐기되어야 하는 경우가 많다. 설비가 다시 가동되어도 안정화까지는 적지 않은 재료와 시간적 손실이 따르므로 엄청난 비용의 발생으로 이어질 수밖에 없다.

스마트디지털공장의 주요 어젠다 중 하나는 이러한 예기치 못한 주요설비의 고장을 사전에 방지하는 것이다. 물론 이것은 결코

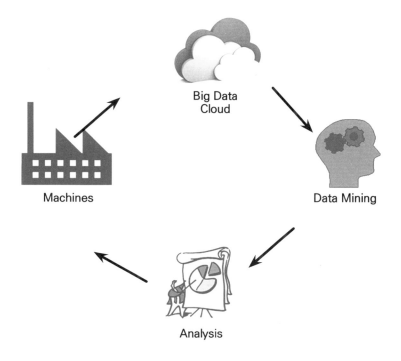

Machines

Big Data Cloud

Data Mining

Analysis

그림 27 사전 진단적 유지보수를 지원하는 프로세스 및 시스템 개념
출처: 린디자인아시아㈜

쉽지 않은 도전이다. 앞에서도 살펴보았지만 이론적으로는 가시적인 영역에 들어온 일이더라도, 현실에 적용하기 위해서는 조금 더 많은 노력이 필요하다. 왜냐하면 수천, 수만 개의 부품으로 구성되어 있는 공장설비가 어떤 부위에서 어떤 문제가 생길지 감지하는 일은 결코 쉽지 않기 때문이다. 이를 위해 스마트디지털공장에서는

고성능 센서를 통해 장치들이 적절하게 운용되고 있는지 모든 데이터가 실시간으로 측정되고 수집될 것이다. 이 데이터는 중앙통제실의 컴퓨터를 통해 통계적 기법으로 분석될 것이며, 이를 통해 설비의 이상신호를 사전에 감지할 수 있게 될 것이다. 만약 문제가 예측되면, 담당자에게 설비에 대한 정보가 3차원 도면으로 제공될 것이다. 그리고 고장이 예상되는 부분에 맞는 부품을 선정해 그 재고 여부까지 확인될 것이다. 만약 재고가 모자랄 경우 즉시 공급업체에 알리거나, 3D프린팅을 통해 필요한 부품을 현장에서 즉시 만들어서 조달하는 것도 가능할 것이다.

지금까지는 스마트디지털공장의 7가지 구현 모습에 대하여 살펴보았다. 이러한 스마트디지털공장을 구현하기 위해서는 다양한 기업의 참여가 필수적인데, 지금부터는 어떤 기업들이 이러한 과업에 참여해야 하는지 살펴보기로 하자.

3

누가 이 과업에 참여할 것인가?

스마트디지털공장에 대한 접근과 구체적인 목표의 설정은 특정기업이나 연구소 같은 집단에서만 이루어지는 것이 아니라, 국가적인 어젠다로 다루어져야 한다. 프로젝트 수행이 통합적이면서도 지속적으로 추진력을 유지할 수 있어야 하고, 재원이 적절한 곳에 효과적으로 투입될 필요가 있기 때문이다. 특히 표준화된 아키텍처*, ICT 인프라를 포함한 플랫폼을 개발하기 위해서는, 범국가

---

* 하드웨어와 소프트웨어를 포함한 컴퓨터시스템 전체의 설계.

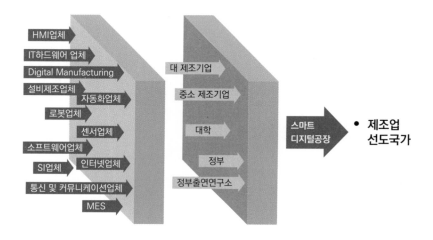

그림 28 스마트디지털공장의 참여조직

적인 어젠다로 접근해야만 한다. 이 정도 규모의 일을 개별 기업이
추진하기란 매우 어려우며, 설령 가능하다고 해도 단기적인 이익에
몰두하거나 이해관계의 충돌로 이어지면 용두사미가 될 수 있기
때문이다.

이 프로젝트에 참여할 주체는 그림28에서 보는 바와 같이 정
부, 산업체, 학계, 연구소 등이다. 수많은 조직들이 지식과 경험을
보태야 한다. 일선과 이선에서 일할 조직과 기업이 조화롭게 협력
해야만 한다. 이제 그 내용을 좀 더 세부적으로 살펴보도록 하자.

제품을 만드는 기업

제조기업에 속하는 이들이 스마트디지털공장을 구축하는 데 가장 중요한 역할을 한다. 이들이 바로 이 프로젝트의 중심이며, 이익을 얻는 당사자인 동시에, 투자를 해야 하는 주체이기도 하다. 이들의 경쟁력이 한국제조업의 경쟁력이 된다. 한국의 대표적인 제조산업인 자동차, 가전제품, 하이테크산업, 조선, 중공업, 전기, 전자, 소재, 화학, 항공, 소비재 등이 여기에 속한다.

최종적인 조립을 맡든, 부품을 공급하든 한국 제조업을 구성하는 위치에 있다면 모두 참여하는 것이 중요하다. 여기에는 대기업이 있을 수도 있고 중견기업 또는 소기업이 있을 수도 있다. 위에서 말했듯이 바로 이러한 점 때문에 국가적인 차원에서의 중재와 연결이 필요하다. 이들의 역할은 스마트디지털공장을 자신들의 제품과 제조여건과 기업환경에 맞도록 기획하고 구축하는 것이다.

제조설비 및 자동화설비 업체

제조기업을 다시 세분화하면 제조설비를 납품하거나, 공장을 납품하는 기업으로 나눌 수 있다. 군이 별도로 구분한 것은 이들이 스마트디지털공장을 만들게 될 기업이기 때문이다. 설비나 라인을 만드는 이들의 역할과 역량은 매우 중요하다. 이들이 지멘스나 제너럴일렉트릭과 같은 역할을 해주어야만 한다. 만약 국내에서 적합한 파트너가 없다면, 경험과 지식을 갖춘 외국 기업을 찾아볼 수도 있을 것이다. 이들은 디지털기술 및 스마트기술을 보유해야 하며 그것을 응용할 수 있는 능력도 보유해야만 한다. 이 분야에서 이미 많은 국내외 기업들이 활약하고 있다.

스마트디지털공장을 구축하기 위해서는 산업용 로봇, 그리고 그것과 관련된 기업의 역할도 매우 중요하다. 불행히도 국내에는 산업용 로봇을 제조하는 업체가 매우 소수고, 대부분은 외국계 글로벌기업들이다. 이들 중에는 이미 상당한 수준으로 디지털기술 및 스마트기술을 확보한 기업들이 많다.

소프트웨어, 시스템통합업체, 네트워크공급업체

스마트디지털공장은 수없이 많은 시스템이 기업 안팎으로 구축되어 서로 연결되는 것을 의미한다. 시스템이란 대부분 하드웨어를 통해 소프트웨어로 지원되는데, 이 소프트웨어끼리 서로 통합되어 잘 운용되는 것이 스마트디지털공장의 가장 큰 과제이며 도전이다. 얼핏 간단해 보이지만, 실제로는 많은 지식과 경험 그리고 다양한 이슈에 대한 해결능력을 필요로 한다.

최근 마이크로소프트 역시 스마트기술 시장으로 뛰어들었다. 특히 사물인터넷 기술에 거는 기대가 몹시 커 보인다. 기기와 센서, 클라우드Cloud*를 연결하는 일에 마이크로소프트와 같은 대기업들이 거는 기대는 상당한 것으로 보인다. 대기업 외에도 이 분야에 참여할 회사들은 국내외에 수없이 많다.

인터넷, 통신 및 커뮤니케이션 분야에서 활약해야 할 기업의 역할도 매우 중요하다. 대부분의 스마트기술은 인터넷을 통해 사용될 것이다. 이미 사물인터넷은 대기업, 중소기업, 벤처기업 할 것 없이 IT업계의 차세대 산업으로 뜨거운 화두가 되고 있다. 사물인터넷은 IoT^Internet of Thing 또는 IIoT^Industrial Internet of Tings 으로 불리지만, 개념적 정의에 따라 하드웨어적인 제조사나 통신사, 솔루션 공급사, 콘텐츠 업종 사이의 경계를 허무는 새로운 협력체계를 낳을 것으로 전망된다.

스마트인터넷의 실현을 위해서는 하드웨어인 센서 제조업체 및 지능형 로봇 등을 만드는 기업들의 역할을 기대해야 할 것이다.

* 데이터를 인터넷과 연결된 중앙컴퓨터에 저장해, 언제 어디서든 인터넷을 통해 그 정보를 이용할 수 있도록 하는 서비스.

이들의 능력에 따라 스마트디지털공장의 전개가 달라질 수 있기 때문이다.

스마트디지털공장 구축 소프트웨어

아직까지 스마트디지털공장을 구축할 수 있을 만한 소프트웨어업체는 국내보다는 해외에 더 많다. 다쏘시스템, 지멘스 PLM, PTC, 버추얼컴포넌트Virtual Component 등이 바로 그들이다. 이들은 마치 공룡과도 같은 강력한 위상을 갖고 있어 걱정이 되는 점도 있지만, 국내기업으로서는 앞으로 경쟁력을 갖출 수 있는 기반을 다지는 것이 중요하다. 정부 차원에서의 지원도 이루어질 필요가 있고, 기업 차원에서도 선도 기업으로부터 더 적극적으로 배우고 이들을 넘어서려는 적극적인 자세를 가져야 할 것이다.

지금까지 독일의 인더스트리4.0의 실체가 무엇이고, 어떤 의미를 갖는지, 또 변화할 세상과 마주할 우리의 현주소와 경쟁국들의 동향은 어떤지 살펴보았다. 또 우리가 앞으로 나아가야 할 방향으로서 7가지 어젠다에 대해서도 살펴보았다. 알려진 대로 현 정부는 제조업3.0이라는 프로젝트를 추진 중이다. 제조업3.0이란 한마디로 기존의 전통적인 제조업에 IT, 소프트웨어, 서비스를 연결해 다른 산업과 융합 및 복합적인 상승효과를 냄으로써 제조업의 수준을 획기적으로 끌어올리자는 것이다. 이는 여러 부분에서 독일이 주창하는 인더스트리4.0의 방향과도 닮아있다.

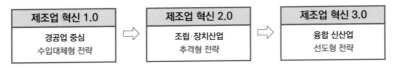

그림 29 제조업3.0 프로젝트에 등장하는 제조업 혁신과정
출처 : 산업통산자원부

제조업3.0의 전략은 과거의 추격형 전략을 청산하고 선도형 전략으로 가자는 것이다. 이른바 제조업1.0의 혁신이 경공업 중심의 수입대체형 전략이라면, 제조업2.0의 혁신은 추격형 전략이었다. 앞으로의 제조업3.0은 융합을 통한 새로운 산업을 만들기 위한 선도형 전략이다. 융합형 신제조업을 창출하고, 주력산업의 핵심역량을 강화하며 제조혁신기반을 한 단계 끌어올려 고도화하자는 것이다. 그것을 위한 구체적인 과제들도 여러 개 제시되고 있다. 그중 하나가 사물인터넷과 IT, 소프트웨어를 융합한 스마트공장 1만 개를 건설하자는 것이다. 특히 중소·중견 기업의 생산성을 끌어 올리는 것이 그 핵심적인 요소로 알려져 있다. 이를 위해 2013년부터 추진되어온 산업혁신운동3.0의 추진체계를 활용한다고도 한다.

물론 이러한 활동이 실질적으로 인더스트리4.0과 같은 모습으로 발전되어 나갔으면 하는 것이 우리의 바람이다. 바람이란 표현에 어쩐지 걱정이 드리워져 있는 것 같기도 하지만, 사실 꼭 그렇게 걱정스러운 면만 있는 것은 아닐 것이다. 아무런 시도조차 하지 않는다면, 우리가 이 책의 초반에서 우려하고 경고했던 일들이 생기지 않겠는가? 이러한 파국을 막기 위해 우리는 현실적으로 가능하고 또 필요한 구체적인 대안을 찾고자 노력하였다. 다음은 우리가 그 노력 끝에 내린 결론이다.

대한민국 산업이 지속적으로 경쟁력을 갖추기 위해서는 먼저 물리적 공장에서 제품을 만드는 기술이나 공법 등의 측면에서 세계 최고 수준을 갖추어야 한다. 그리고 제품의 개발 과정에서 최선의, 합리적인 프로세스를 갖추어 업무의 효율을 극대화해야 한다. 디지털공장이라고 표현된 내용이 바로 이러한 기반을 말하며, 장차 지식을 기반으로 일하는 노동자의 업무터전이 될 것이다. 아직까지 우리 기업의 업무터전은 그 기반이 약하고, 시스템도 자주 바꾸게 되는데 그때마다 들어가는 비용과 시간은 엄청나다. 사실 전 세계 어떤 나라 어떤 기업도 이러한 시행착오에서 완전히 자유롭지는 않지만, 인더스트리4.0의 추진자들은 이러한 기반 자체를 크게 통합하려는 비전을 가지고 있다. 실제 공장이 돌아가는 산업현장에서는 자동화를 넘어 스마트한 기능이 강화되어야 하고, 동시에 간접

비용이 최소화될 수 있도록 해야 한다. 이를 위해서는 궁극적으로 설비, 사람, 공장 간에 모든 것이 연결됨으로써 필요한 정보를 공유하고 최적의 결정을 할 수 있도록 노력해야 하는 것이다. 이것은 인더스트리4.0의 핵심사항이기도 한데, 시장의 요구에 더욱 신속하게 대응할 수 있는 유연한 공장, 그러면서도 소요비용이 최소화되어 지속가능한 경쟁력을 확보하는 것이 최종적인 목표다.

아직 갈 길이 먼 개념이기는 하지만, CPS는 위에서 정리한 모든 활동을 실현시킬 만한 개념이다. CPS의 구체화는 인더스트리4.0으로 나아갈 다음 단계의 성패를 결정짓는 중요한 잣대가 될 것이다. 이것이 현실로 다가올 때, 디지털공장과 스마트공장은 어떤 구분 없이 항상 연결되고 최선의 합리적 의사결정을 위한 프로세스가 가동될 것이며, 지속적으로 제품의 개발과 제조 및 생산에 나서게 될 것이다. 진화의 과정에서 적지 않은 변화와 수정의 과정을 겪지 않을 수 없겠지만, 어쨌든 인더스트리4.0은 시장 자체의 기준과 룰이 바꾸는 혁신이니만큼 우리나라 기업들의 보다 적극적인 참여와 활약이 필수적이다.

아마 상당한 기간 동안, 개별 기업들로서는 그림30에서 보이는 것처럼 자신의 기업 또는 공장의 울타리 안에서의 스마트디지털공

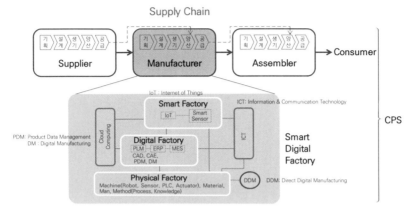

그림 30 스마트디지털공장을 통한 CPS에로의 도전

장 구축과 발전에 힘을 쓰는 것이 타당할 수도 있다. 그러나 세상은 점차 공장과 공장 밖을 연결하는 방향으로 나아갈 것이 분명하다. 그것은 인더스트리4.0이 제시하는 방향이자, 피할 수 없는 거시적인 흐름이다. 널리 알려진 것처럼 사물인터넷과 3D프린팅 기술이 발전하는 속도만 보더라도, 그러한 방향이 소위 '치즈가 옮겨가는' 방향인 것을 알 수 있다. 기회를 놓치지 않고, 공장 안팎의 상황을 주시하여 변화의 흐름을 놓치지 않고 미래로 나아가자는 것이 이

책의 요지다.

　대한민국은 광복과 한국전쟁을 거치며 아무 것도 없는 땅 위에서 '한강의 기적'이라 불리는 산업화를 이루어낸 강한 저력을 갖춘 나라다. 많은 이들이 불가능하다고 말하는 것들을 우리는 지난 70년 동안 숱하게 이루어낸 성공의 경험이 있다. 이제 우리는 또 다른 커다란 변화를 마주하여, 다시 한번 위기를 기회로 만들 필요가 있다. 지금까지 살펴본 것처럼 독일의 인더스트리4.0은 우리의 대처에 따라 위기도, 기회도 될 수 있다. 정부와 국회, 기업과 국민 모두가 힘을 모으고 합심하여 우리의 실정에 걸맞은 혁신을 이루기 위해 발 벗고 나서야만 한다. 혁신을 망설이지 않을 때, 우리는 커져가는 거인의 발에 깔리는 대신 그 거인의 어깨 위에 올라탐으로써 세계의 강대국들과 나란히 설 수 있을 것이다.

| 참고문헌 |

국내자료

• 박형근·김영훈,「인더스트리4.0과 독일 미래 제조업 청사진」, 포스코경영연구원, 2014.2.26.

• 산업통상자원부,「창조경제 구현을 위한 제조업 혁신 3.0 전략」, 2014.6.

• 신종계·한석희·임현준,『제조 기술의 새물결, 디지털 매뉴팩처링』, 캐드앤그래픽스, 2004.5.

• 임채성·한석희, "프론트로딩: 기술 혁신이 쉬워진다",《동아비즈니스리뷰》45호, 2009.11.

• 한국정보화진흥원,「인더스트리 4.0과 제조업 창조경제 전략」,『IT&Future Strategy 보고서』제2호, 2014.5.

• 한석희,『대한민국 기업들이여, 프론트로딩하라』, 비비미디어, 2009.10.

외국자료

• "Lean Management: Industry 4.0 needs streamlined processes", *Deutsche Mittelstands Nachrichten*, January 29 2015.

• Federal Ministry of Education and Research(BMBF), *Ideas. Innovation. Prosperity.: High Tech Strategy 2020 for Germany*, 2010.

• Gary Mintchell, "The Future of Manufacturing: Industry 4.0", *Automation World*, April 25 2013.

• Christopher Alessi·Chase Gummer, "Germany Bets on 'Smart Factories' to Keep Its Manufacturing", *THE WALL STREET JOURNAL*, October 2014.

- Detlef Zuehlke, "SmartFactory—Towards a factory-of-things", *Annual Reviews in Control 34.1*, 2010, pp.129~138.
- Dominik Lucke·Carmen Constantinescu·Engelbert Westkämper, "Smart factory-a step towards the next generation of manufacturing.", *Manufacturing Systems and Technologies for the New Frontier,* May 2008, pp.115~118.
- E. Westkämper·L. Jendoubi·M. Eissele·T. Ertl, "Smart Factory: Bridging the gap between digital planning and reality", Fraunhofer IPA, 38th International Seminar on Manufacturing Systems 2005, May 2005.
- Edward A. Lee, "Cyber physical systems: Design challenges", Object Oriented Real-Time Distributed Computing(ISORC), 2008 11th IEEE International Symposium on 5 May. 2008. pp363~369.
- "A revolution brewing with German 'smart factory' project", *Nikkei Asian Review*, December 9 2014.
- Radhakisan Baheti·Helen Gill, "Cyber-Physical Systems", *The impact of Control Technology*, 2011. pp161~166.
- Roland Berger, *Industry 4.0: The new industrial revolution, How Europe will succeed?*, Roland Berger Strategy COnsultants GMBH, March 2014.
- Stefan Thomke·Takahiro Fujimoto, "The Effect of 'Front-Loading' Problem-Solving on Product Development Performance", *Journal of product innovation management*, March 2000. pp.128~142.
- Travis Hessman, "The Dawn of the Smart Factory", *Industry Week*, February 14 2013.
- Katrin Nikolaus, "Building the Nuts and Bolts of Self-Organizing Factories", *Picture of Future*(Siemens Magazine), Spring 2013.
- William MacDougall, *INDUSTRIE 4.0: Smart Manufacturing for the future,*

Germany Trade&Investment, July 2014.

웹사이트

• 산업통상자원부, "민관 공동 제조업 혁신 3.0 전략 추진", 2014.6.

⟨http://www.motie.go.kr/motie/ne/rt/press/bbs/bbsView.do?bbs_seq_
n=79115&bbs_cd_n=16⟩

• 한국기계산업진흥회, "「산업혁신 3.0」 1차년도 사업성과 및 2차년도 추진계획",
2014.6.

⟨http://www.koami.or.kr/webzin/201410/4.pdf⟩

• CISCO 코리아, "산업용 스마트 솔루션: 공장을 엔터프라이즈에 연결", 2013.6.

⟨http://www.cisco.com/web/KR/assets/executives/pdf/Ind_Smart_Sol_
Connecting_Factory_white_paper.pdf⟩

• LG CNS, "Smart Factory", 2013.6.

⟨http://www.lgcns.co.kr/Views/Service/ServiceContent?MENU_
CD=GHPSV401⟩

Federal Ministry of Education and Research(BMBF)

"Project of the Future: Industry 4.0"

⟨http://www.bmbf.de/en/19955.php⟩

Hannover Messe

⟨http://www.hannovermesse.de/en/info/for-exhibitors/trade-fair-line-
up/digital-factory/⟩

Siemens

• "Digital Factory" ⟨http://www.siemens.com/about/en/businesses/digital-
factory.htm⟩

• "Building the Nuts and Bolts of Self-Organizing Factories", spring 2013.

〈http://www.siemens.com/innovation/apps/pof_microsite/_pof-spring-2013/_pdf/en/Self-organizing_factories_EN.pdf〉

• 〈https://blogs.siemens.com/competitive-industries/stories/tags/industrie4.0/〉

Bosch

• "The Industry of the Future", Bosch Software Innovations, January, 2014. 〈https://www.bosch-si.com/solutions/manufacturing/industry-4-0/industry-4-0.html〉

• Bill Lydon, "Industry 4.0 - Only One-Tenth of Germany's High-Tech Strategy",
〈http://www.automation.com/automation-news/article/industry-40-only-one-tenth-of-germanys-high-tech-strategy〉

• Industry 4.0: Why it belongs on the CEO agenda (Bosch Connected World Blog)

L'usine Digitale

• 4.0 The digital industry: a case study for an industrial revolution

Market Watch

• Christopher Alessi, "Germany develops 'smart factories' to keep an edge", September 2014.
〈http://www.marketwatch.com/story/germany-develops-smart-factories-to-keep-an-edge-2014-10-27〉

National Science Foundation

• Cyber-Physical Systems (CPS)
〈http://www.nsf.gov/funding/pgm_summ.jsp?pims_id=503286〉
〈http://www.nsf.gov/pubs/2014/nsf14542/nsf14542.htm〉

EIT ICT Labs

- "Cyber-Physical Systems"

  〈http://www.eitictlabs.eu/innovation-entrepreneurship/cyber-physical-
  systems/〉

Digital Factory™

- "E-commerce for 3D Printing" 2006. 9

  〈http://www.digitalfactory3d.com/〉

- Carolyn Mathas, "Industry 4.0 is closer than you think", EDN Network,
  December 2 2013.

  〈http://www.edn.com/design/wireless-networking/4425363/Industry-4-
  0-is-closer-than-you-think〉
- Cyber Physical Systems: Executive Summary, 2008.

  〈http://varma.ece.cmu.edu/summit.〉
- Cyber-Physical Systems in textile production: the next industrial
  revolution?

  〈http://www.textile-future.com/textile-manufacturing.php?read_
  article=1829〉
- Smart Factory

  〈http://smartfactory.dfki.uni-kl.de/en〉
- Kevin Klustner, "'Industry 4.0' and the next wave of embedded machines",
  August 18, 2014.

  〈http://www.greenbiz.com/blog/2014/08/18/industry-4-next-wave-
  embedded-machines〉

동영상

- "Industrie 4.0: The Fourth Industrial Revolution", Siemens, December 2013.
  〈http://www.youtube.com/watch?v=HPRURtORnis〉
- "Electronic Works Amberg: Siemens Industry Software", Siemens, October 2012.
  〈https://www.youtube.com/watch?v=eZdrwqZnLes〉

인더스트리4.0

초판 1쇄 인쇄 2015년 5월 16일
초판 3쇄 발행 2016년 5월 10일

지 은 이 한석희, 조형식, 홍대순

펴 낸 이 최용범
펴 낸 곳 페이퍼로드
출판등록 제10-2427호(2002년 8월 7일)
          서울시 마포구 연남로3길 72(연남동 563-10번지 2층)

편   집 김정주, 김대한
디 자 인 장원석(표지), 이춘희(본문)
마 케 팅 윤성환
경영관리 강은선

이 메 일 book@paperroad.net
홈페이지 www.paperroad.net
커뮤니티 blog.naver.com/paperroad
Tel (02)326-0328, 6387-2341 | Fax (02)335-0334

ISBN   979-11-86256-03-9 (13320)